제2판

Physio TALK
물리치료 영어회화

(실전편)

 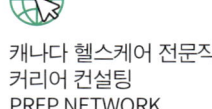
캐나다 헬스케어 전문직
커리어 컨설팅
PREP NETWORK

 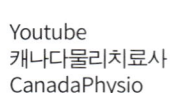
Youtube
캐나다물리치료사
CanadaPhysio

1인분의 삶을 담는 그릇

Canadaphysio

실무자에게 배우는 **ESP** 시리즈

제2판
Physio TALK
물리치료 영어회화

실전편

유은채 지음

한국문화사

2판을 내며

[Physio TALK 물리치료 영어회화]에 보내주시는 관심과 성원에 깊이 감사드립니다. 해외에서 근무하시거나 국내에서 외국인 환자를 치료하시는 선생님들께서 계속해서 곁에 두고 쉽게 참고할 수 있는 책이 되었으면 하는 마음을 담아 2판을 펴냅니다. 큰 틀은 동일하나, 일부 표현을 더 자연스럽게 수정하고 실제 상황에서 좀 더 유용하게 쓰일 수 있는 표현들을 추가하였습니다.

언제나처럼 선생님들의 도전과 꿈을 향한 여정에 이 책이 든든한 길잡이가 되어주길 소망합니다.

유은채 드림

1판 여는 글

    단풍이 멋드러지게 든 어느 가을 날, 콧속으로 들어오는 공기는 겨울만큼이나 쌀쌀하게 느껴지는 캐나다에서 이 책의 여는 글을 적습니다.
    캐나다 물리치료사 국가고시를 준비하느라, 낮에는 정신없이 공부하고 밤에는 불확실한 미래를 걱정하는 와중에 스스로를 다독이며 잠에 들던 날들도 딱 이맘때 쯤이네요.
    '물리치료 영어회화책은 왜 없을까? 있다면 캐나다 물리치료사가 되는 과정을 밟는 내내 정말 많은 도움이 되었을 텐데.' 하는 생각을 수십번도 더 했던 것이 기억납니다.
    이 책은 해외 물리치료사를 준비하시는 선생님, 한국에서 영어로 환자를 돌보시는 선생님, 진로의 폭을 넓히고자 영어공부를 하는 대학생, 그리고 더 큰 세상으로 나아가기 위하여 한 발짝씩 수줍게 내딛고 계시는 모든 분들을 위해 쓰였습니다.
    캐나다에서 여러 클리닉과 병원을 거치면서 차곡 차곡 쌓아올린 경험을 바탕으로, 물리치료사가 실전에서 사용할 수 있는 영어회화들로 구성했습니다. 교과서에서나 볼법한 경직된 표현은 최대한 지양하면서도 의료 전문직으로서 갖추어야 하는 공손함과 전문성이 잘 녹아있도록 대화를 꾸렸습니다. 상황별로 대화를 탄탄히 구성하여 필요에 따라 찾아보기 쉽게 만들었습니다. 의무기록과 관련된 팁들도 수록하였고, 중간 중간 'physio tips' 코너를 삽입하여 알고 있으면 도움이 되는 내용들도 추가하였습니다.

더 나은 내일을 위한 여정을 준비하고 계시는 선생님, 이 책이 그 여정에 도움이 되리라 확신합니다. 한 장 한 장 넘길 때마다 긴 여정을 완주할 용기와 지식을 더해드릴게요.
 선생님의 모든 꿈과 계획을 진심으로 응원합니다.

유은채 드림

CONTENTS

Chapter 1 환자의 기본 정보 파악하기 · 13

unit 1 이름 물어보기 ··· 14
What would you like me to call you?

unit 2 동의 구하기 ··· 17
Would it be okay if we go ahead?

unit 3 사회생활력 조사하기 ································· 24
What did you do for a living?

unit 4 주거환경 조사하기 ···································· 29
What kind of house do you live in?

unit 5 키 물어보기 ··· 34
How tall are you?

Chapter 2 주요 기능 평가하기 · 37

unit 1 관절가동범위 평가하기 ······························ 38
Could I check how your shoulder moves?

unit 2 근력 평가하기 ··· 43
Could I check if you have any weakness in your leg?

unit 3 인지력 평가하기 ······································· 48
What brought you to the hospital?

unit 4 Bed mobility 평가하기 ······························· 53
Could you show me how you get out of bed?

unit 5 보행 평가하기 ··· 56
Would you mind if I take a look at how you walk?

CONTENTS

Chapter 3 움직임 연습하기 · 61

unit 1 보행보조기구 소개하기 ··· 62
    Would you like to try using a walker?

unit 2 체중부하제한 알려주기 ··· 67
    Are you aware of your weight-bearing restrictions?

unit 3 계단 연습하기 ··· 72
    Would you like to try stairs with me?

unit 4 목발 연습하기 ··· 80
    Have you used crutches before?

unit 5 휠체어 트랜스퍼 연습하기 ····································· 87
    Could I help you to get from bed to a wheelchair?

Chapter 4 수술 후 환자와의 대화 · 99

unit 1 운동 처방하기 ··· 100
    How did that exercise feel?

unit 2 엉덩관절 치환술 환자 주의사항 알려주기 ····················· 105
    Are you aware of hip precautions?

unit 3 등 수술한 환자 bed mobility 연습하기 ························ 110
    Do you know how to log roll?

unit 4 심장 수술 후 주의사항 알려주기 ······························ 117
    Could I go over sternal precautions with you?

unit 5 흉관 삽입 후 주의사항 알려주기 ······························ 122
    Are you aware of your chest tube precautions?

unit 6 호흡 운동 알려주기 ··· 126
    Could I go over deep breathing and coughing exercises with you?

CONTENTS

Chapter 5 다양한 상황에 대처하기 · 133

unit 1 걷기 싫어하는 환자 설득하기 ·················· 134
Could we discuss why it's important to stay active?

unit 2 소변/대변 실수했을 때 ·························· 137
Did you have an accident in your brief?

unit 3 활력 징후가 불안정한 환자 대처하기 ········· 139
Are you feeling okay?

unit 4 동료에게 도움 요청하기 ························ 143
Could you help me out?

Chapter 6 환자의 퇴원 계획 세우기 · 145

unit 1 퇴원 평가 ······································· 146
How do you feel about going home?

unit 2 병동 팀 미팅 참여하기 ························· 149
Are there any discharge barriers for this patient?

unit 3 의사와 퇴원 계획에 대해 상의하기 ············ 153
May I give you an update about the patient?

unit 4 환자 가족과의 미팅 ····························· 156
How do you feel about taking him home?

CONTENTS

Chapter 7 의료진과의 대화 · 165

unit 1 간호사와 대화하기 ··· 166
How does he mobilize?

unit 2 의사에게 질문하기 ··· 169
Could you clarify your orders?

unit 3 작업치료사와 대화하기 ····································· 173
Would you like to see the patient together?

unit 4 사회복지사와 대화하기 ····································· 177
Do you have any housing options for her?

unit 5 재활치료보조사와 대화하기 ································· 181
Could we go over the delegations?

unit 6 Unit clerk과 대화하기 ···································· 186
Could you book an X-ray for her?

Chapter 8 스케줄 조정하기 · 189

unit 1 병가 내기 ·· 190
Could I take a few hours off for a medical appointment?

unit 2 당일 병가 내기 ··· 193
Could I take a day off?

unit 3 주말 근무 바꾸기 ··· 195
Could you swap shifts with me?

본 책에 수록되어 있는 모든 대화는
상황별 회화 학습을 위하여 만들어진 예시들이며,
어떠한 경우에도 환자를 평가하거나 치료할 때
근거로 작용할 수 없습니다.

Chapter 1

환자의 기본 정보 파악하기

unit 1. 이름 물어보기

unit 2. 동의 구하기

unit 3. 사회생활력 조사하기

unit 4. 주거환경 조사하기

unit 5. 키 물어보기

unit 1 이름 물어보기
What would you like me to call you?

환자와의 첫만남에서 환자의 이름을 제대로 불러주는 것이 생각보다 중요한 것 알고 계신가요?

이름이 무엇인지 직관적으로 알 수 있는 한국과는 달리, 영어를 공용어로 사용하는 많은 나라에서는 first name 이외에도 middle name이 존재합니다. 대부분 first name으로 불리는 사람들이 많지만, middle name으로 불리는 것을 선호하는 사람들도 분명 있습니다. 또, first name도 middle name도 아닌 전혀 다른 이름으로 불리는 사람들도 있고요.

이러한 다양성을 존중하기 위해, 이 사람이 선호하는 이름이 first name 이라고 간주하여 바로 그 이름을 불러주는 것 보다 선호하는 이름이 무엇인지 먼저 물어보는 것이 현명합니다.

아래의 시나리오에서 같이 살펴볼게요.

PT　　Hi, **Mr. Fraser.** I am Laura, the physiotherapist working on this unit. How are you today?
　　　　안녕하세요 **Fraser**님, 저는 이 병동에서 일하는 물리치료사인 Laura라고 해요. 좀 어떠신가요?

Patient　Hi, Laura. I am doing just fine. Thanks for asking.
　　　　안녕하세요 Laura. 전 괜찮아요. 감사합니다.

PT　　Perfect. Mr. Fraser, **what would you like me to call you?**
　　　　좋아요. Fraser님, 성함을 어떻게 불러드리는 것이 좋을까요?

Patient　It does not really matter what you call me, but **I usually**

	go by my middle name.
	어떻게 부르시든 크게 상관은 없는데, 보통 저는 제 미들네임으로 불려요.
PT	Okay. Could I have your middle name, please?
	그러시군요. 미들네임이 어떻게 되시죠?
Patient	Yes. My middle name is Fredrick. Please call me Fred.
	네. Fredrick이에요. Fred라고 불러주세요.
PT	Thank you for letting me know, Fred.
	알려주셔서 감사합니다 Fred.

　위의 시나리오에서 잘 나와 있듯이, 환자가 어떤 이름으로 불리는지 확실하지 않은 상황에서는 "Mr. Fraser" 같이 last name으로 호칭을 시작하는 것도 좋은 방법이에요.

　Last name으로 호칭할 경우 남자환자의 경우는 Mr(미스터), 여자환자의 경우는 Ms(미즈)를 앞에 붙이면 됩니다. 기혼인 여자의 경우 Mrs(미세스), 미혼인 여자의 경우 Miss(미스) 로 부르기도 하지만 환자의 혼인여부를 정확히 파악하고 있지 않은 상황이라면 이런 호칭을 쓸 때는 각별히 주의해야 합니다. 또 어떤 사람들은 혼인 여부에 따라 나뉘어 불리는 Mrs/Miss 호칭을 불쾌하게 느낄 수도 있습니다.

　다양한 성 정체성을 인정하고 존중하고 non-binary(여성도 남성도 아닌) 개념이 존재하는 나라에서는 He나 She가 아닌 They로 불리기를 원하는 사람들도 있습니다.

　성별이나 성 정체성이 정확하게 파악이 되지 않은 상황이라 Mr(미스터)라고 부를지, Ms(미즈)라고 부를지 고민된다면, 바로 'What would you like me to call you? 혹은 "May I know your preferred name?" 이라고 물어보는 것도 좋은 방법입니다.

위의 환자 같은 경우는 first name으로 불리지 않고 middle name인 Frederick으로 불린다고 하네요. 그리고 Frederick이라는 이름도 줄여서 Fred라고 불리고요.

종종 물리치료사들은 환자가 선호하는 이름을 물어본 후 의무기록에 해당 내용을 남기기도 합니다.

"**The patient goes by Fred**." (환자는 Fred라고 불린다.)

그러면 다음에 이 환자를 보는 물리치료사가 이 환자를 어떻게 불러야 할지 알 수 있기 때문에 편리해요.

환자 본인이 원하는 이름을 파악한 상태에서 올바르게 호칭하는 것이 정말 중요합니다. 선호하는 이름을 물어봄으로써 환자와의 첫 단추를 잘 꿸 수 있다는 것, 잊지 마세요!

> **Physio Tips**
>
> **이름의 줄임말**
>
> William -> Bill　　　　　　Alexander -> Alex
> Edward -> Ed, Eddie　　　 Beverly -> Bev
> Pamela -> Pam　　　　　　Deborah -> Deb
> Catherine -> Cathy　　　　Rebecca -> Becca, Becky
> Frederick -> Fred, Freddy　Matthew -> Matt
> Donald -> Don　　　　　　Robert -> Bob
> Katelyn -> Kate　　　　　 Nicole -> Nikky
> Barbara -> Barb　　　　　 Samantha -> Sam

unit 2　동의 구하기
Would it be okay if we go ahead?

물리치료 서비스를 제공할 때 가장 먼저 해야 할 일은 무엇일까요?
바로 환자에게 동의를 받는 것입니다.

여러분이 물리치료사로서 어떤 서비스를 제공하든지 간에 환자를 처음 만났을 때, 그리고 의무기록을 작성할 때 가장 먼저 해야 할 일은 환자에게 동의를 구하고 그것을 명시하는 일이에요.

환자에게 동의를 받기 위해서는 물리치료사가 평가와 치료를 제공하는 이유가 무엇인지, 이를 통해 환자가 기대할 수 있는 장점과 잠재적 위험요인이 무엇인지 정확히 설명하고 환자에게 치료를 종료하거나 질문할 수 있는 권리가 있다는 것을 명확히 고지해야 합니다.

환자가 이 모든 정보를 이해하고 스스로 결정할 수 있는 인지능력을 가지고 있는지도 고려해야 할 사항입니다.

아래에서 같이 살펴볼게요.

PT　Hi, my name is Laura, the physiotherapist working on this unit. How are you doing today?
　　안녕하세요, 저는 이 병동에서 일하는 물리치료사인 Laura라고 해요. 좀 어떠신가요?

Patient　Hi Laura, I am doing okay. Thanks for asking.
　　안녕하세요 Laura, 전 괜찮아요. 물어봐주셔서 감사합니다.

PT　That is good to hear. I am here because your doctor asked me to assess your mobility.

	다행이에요. 제가 오늘 여기 온 이유는 의사선생님께서 환자분의 거동상태를 평가해달라고 부탁받았기 때문이에요.
Patient	My mobility? What do you mean by that? 제 거동상태요? 그게 무슨 뜻이죠?
PT	Yes. Mobility refers to how well you can move. **As a physiotherapist, my job is to assess your current mobility status and inform the medical team about the safest way to help you move.** Let's say if you want to go to the bathroom and you are not steady on your feet, determining your current mobility status ensures that both the medical staff and you are safe when we get you to the bathroom. 네. 거동상태란 환자분이 얼마나 잘 움직이시는지를 의미해요. 환자의 현재 거동상태를 확실히 파악하고, 간호팀에 알려 재원기간에 간호팀이 환자를 안전하게 돌볼 수 있도록 하는 것이 물리치료사의 역할입니다. 예를 들어서 환자분이 화장실을 가고 싶은데 잘 걸을 수 없는 상황이라면, 그러한 거동상태를 확실히 파악하고 있어야 의료진과 환자분 모두에게 안전한 방법으로 화장실을 모셔다 드릴 수 있는 것이죠.
Patient	Oh, I see. That sounds reasonable. 오, 그렇군요. 이해가 되네요.
PT	Yes. If you feel weak and not confident about walking on your own, that is understandable. **I am here to assess your functional status today so that I can provide you with some exercises to help you regain your strength and function.** We can work on this together, and hopefully, we can get you to a point where you will not need us.

	네. 만약 기력이 없으시거나 혼자 걷는 것에 확신이 없으셔도 괜찮습니다. 오늘 환자분의 현재 기능 상태를 평가하고, 운동을 통해 근력과 기능을 회복하실 수 있도록 도울 거예요. 그리고 더 이상 저의 도움이 필요 없을 정도로 좋아지실 때까지 같이 노력하는거죠.
Patient	That sounds good. I appreciate you coming to see me. 좋아요. 저를 보러 와주셔서 감사하고요.
PT	No problem. **Please let me know if you would like to stop at any time.** We usually start slowly and gradually. This is the safest way to progress mobility as you may feel dizzy or lightheaded if this is your first time being up. 별말씀을요. 만약 그만하고 싶으시면 언제가 됐든 저에게 알려주세요. 입원하신 이후로 처음 일어나 움직이시는거라면 어지럽거나 머리가 빙빙 도는 느낌을 받으실 수 있기 때문에, 처음에는 아주 천천히 시작하는 편이에요.
Patient	I see. So you want me to let you know when I want to stop? 그렇군요. 그럼, 제가 그만하고 싶으면 언제든 선생님께 말하면 된다는 말씀이시죠?
PT	Yes. We want to prevent you from doing too much too soon. 그렇죠. 환자분이 갑자기 무리하는 것을 방지하기 위해서예요.
Patient	I got it. Thank you. 알겠어요. 감사합니다.
PT	Great. **Do you have any questions about what we have discussed so far?** 좋습니다. 지금까지 얘기 나눈 것에 대해서 혹시 질문 있으신가요?
Patient	No, it all sounds clear to me. 아니요, 잘 이해했습니다.

PT	Perfect. Would you like to try getting up and moving today? 훌륭합니다. 오늘 일어나서 조금 움직여 보시겠어요?
Patient	Yes. 네.
PT	Good. If you have any questions throughout the session, please do not hesitate to stop me. 좋습니다. 하는 동안 질문 있으시면 언제든 알려주세요.

물리치료 평가의 필요성과 치료의 장점에 대해서 물리치료사가 아주 상세하게 설명을 잘 해주었죠? 환자가 언제든 질문하거나 치료를 종료할 수 있음도 고지해주었고요. 환자가 모든 정보를 잘 이해하였고 동의했으니, 이제 물리치료사는 평가와 치료를 진행할 수 있습니다.

의무기록에는 다음과 같이 기록하면 적당합니다.

"**Physiotherapist introduced herself to patient, outlined the role of physiotherapist, and explained the purpose of interaction. Verbal consent was obtained for physiotherapy assessment and intervention**." (물리치료사가 본인을 소개했으며, 물리치료사의 역할에 대해 설명하고, 방문 목적에 대해 설명했다. 물리치료 평가와 치료를 위한 구두 동의를 얻었다.)

이번엔 다른 시나리오를 살펴볼까요?

PT Hi, my name is Laura, and I am the physiotherapist working on this unit. How are you doing today?
안녕하세요, 저는 이 병동에서 일하는 물리치료사인 Laura라고 해요. 좀 어떠신가요?

Patient Awful. I have been vomiting all day.
최악이에요. 하루종일 토하고 있어요.

PT I am so sorry to hear that. I was actually hoping to see how you move around.
힘드시겠어요. 사실 오늘 환자분께서 어떻게 걸으시는지 보려고 했었어요.

Patient What? Why is that?
네? 왜죠?

PT **One of my roles as a physiotherapist is to ensure that you can get around safely. We want to make sure you can move independently enough to return home. If you don't mind, I will assess your mobility today, provide you with some exercises, and help you practice walking if needed.**
물리치료사로서 저의 역할 중 하나는 환자분이 안전하게 거동하실수 있는지 확인하는 거예요. 환자분이 퇴원할 수 있을 만큼 독립적으로 잘 걷는지 확인하는 거죠. 괜찮으시면 오늘 환자분이 어떻게 움직이시는지 보고, 만약 도움이 필요하시면 운동을 알려드리고 더 안전하게 걷는 연습을 하게 해드릴 거예요.

Patient Hmm. I don't know if I need that. I think I should be fine once I feel better. I feel weak right now, but I can work on it myself. I just need some rest for now.
음, 제가 그런 게 필요한지 잘 모르겠네요. 몸이 낫고 나면 다 괜찮아질 것 같아요. 지금 기력이 없긴 한데, 혼자서 잘 해 볼 수 있어요. 지금은 그냥 좀 쉬고 싶네요.

PT	If you feel unwell, it is understandable that you do not want to participate now. I could also come back later once you feel better. Did you take any medications for nausea recently? 몸이 좀 안 좋으시다면, 지금 당장은 하고 싶지 않으신 것 충분히 이해합니다. 나중에 좀 괜찮아지시면 제가 다시 뵈러 올 수도 있어요. 메스꺼울 때 먹는 약은 드셨나요?
Patient	My nurse gave me some medication. I just took them right before you came in. She told me they usually start working after 30 minutes of taking them. 간호사 선생님이 약 몇개 주시더라고요. 선생님 오시기 직전에 먹었어요. 먹고 나서 30분 정도면 효과가 나타날 거라고 하셨어요.
PT	Okay. **Would it be okay for me to come back in 30 minutes to see if you feel better and assess how you move?** 좋아요. 30분 후에 제가 다시 와서 환자분이 좀 나아지셨는지 보고 어떻게 움직이시는지 평가해도 괜찮을까요?
Patient	I guess so. I am too nauseous right now. I hope to feel better later, but I cannot make any promises. 아마도요. 지금은 그냥 속이 너무 메스꺼워요. 나중에는 좀 괜찮아지겠죠. 그래도 장담은 못해요.
PT	That is fine. I will revisit in half an hour. 괜찮습니다. 30분 후에 다시 올게요.
Patient	Will you do that? Thanks. 그러실래요? 감사합니다.
PT	No worries. Get some rest. 아닙니다. 좀 쉬세요.

물리치료사가 평가와 치료의 목적과 장점을 잘 알려주었고, 환자는 이 모든 정보를 이해했지만 물리치료 평가를 거절한 상황입니다. 평가에 동의하거나 거부하는 것은 환자의 권리이므로, 물리치료사는 강제로 평가를 진행할 수 없어요.

의무기록에는 다음와 같이 기록할 수 있겠죠.

"**The patient refused to mobilize due to nausea**."(환자가 메스꺼움으로 인해 움직이기를 거부함.)

Physio Tips

Implied consent (암묵적 동의)란?

환자의 인지가 온전하지 못해 의사소통에 참여할 수 없는 경우, 물리치료사가 진행하고자 하는 평가나 치료가 환자의 안전에 위배되지 않고 환자의 이익(best interest)을 위한 경우라면 암묵적 동의가 있다고 간주하여 치료를 진행할 수 있습니다. 이 경우 의무기록에 암묵적 동의가 있다고 간주하게 된 배경을 명확하게 서술하여야 합니다.

unit 3   사회생활력 조사하기
What did you do for a living?

물리치료사가 환자를 평가할 때 환자의 인적 사항 및 여러가지 정보를 수집하는 것은 굉장히 중요합니다. 치료 계획이나 퇴원 계획을 수립할 때 바탕이 되기 때문이죠.

나이, 국적, 직업, 가족 구성, 취미, 음주, 흡연 등등 환자를 넓은 측면에서 이해할 수 있는 정보들을 통틀어 social history라고 하는데요. 이번엔 저와 함께 한 환자의 social history를 조사해보시죠!

PT   Good morning, Mr. Chen.
안녕하세요 Chen님.

Patient   Good morning. Please call me Simon.
좋은 아침이에요. Simon라고 불러주세요.

PT   Nice to meet you, Simon. My name is Laura, the physiotherapist on this unit. Your doctor has asked me to come and see you. Is this a good time to chat?
좋아요, Simon. 저는 이 병동에서 일하는 물리치료사인 Laura예요. 담당 의사선생님께서 물리치료 협진을 요청하셔서 왔어요. 잠깐 얘기 좀 할 수 있을까요?

Patient   Of course. As you can see, I have a lot of time.
그럼요. 보시다시피 저 시간 많아요.

PT   Awesome. Before I jump into seeing how you are moving, **I will ask you some questions to get to know you**

	better. Do you mind if I ask you some questions regarding your background?
	훌륭해요. 환자분이 어떻게 움직이시는지 보기 전에, 더 잘 알아가는 차원에서 질문 몇가지를 하고 싶은데요. 환자분의 배경에 대해 제가 몇가지 질문을 해도 괜찮을까요?
Patient	Not at all. Be my guest.
	당연하죠. 질문하세요.
PT	Thank you. **Can you please tell me where you live?**
	고맙습니다. 어디에 사시는지 말씀해 주실 수 있나요?
Patient	I live here in town. A few minutes away from the hospital. I am originally from Vancouver, but I moved up here around eight years ago when I retired.
	이 동네에 살아요. 병원에서 몇분 떨어진 거리에요. 원래는 밴쿠버 출신인데 8년 전에 은퇴하고 여기로 이사왔어요.
PT	Great! I hope you have been enjoying your retirement. **What did you do for a living?**
	멋지네요! 은퇴 후의 삶을 즐기고 계시길 바라요. 은퇴하기 전엔 어떤 일을 하셨어요?
Patient	Retirement was going well before I ended up here. I used to work as a teacher.
	병원에 오기 전까진 좋았죠. 원래 선생님이었어요.
PT	How nice! You worked as a teacher. Let's get back to your home situation as discharge goes more smoothly if someone can support you at home. If you do not mind me asking, **do you live with anyone at home?**
	멋지네요! 선생님으로 일하셨군요. 다시 주거 환경으로 돌아가서, 퇴원 후에 환자분을 도와줄 사람이 있다면 퇴원과정을 순탄하게 만들어주거든요. 혹시

	질문해도 실례가 되지 않는다면, 누구랑 같이 사시나요?
Patient	I live alone. Unfortunately, I was widowed two years ago. My wife was such an angel. 혼자 삽니다. 2년 전에 사별했어요. 아내는 정말 천사 같은 사람이었어요.
PT	Oh, I am so sorry to hear that. **Do you have any other family members nearby who can assist you?** 아이고, 너무 마음이 아프네요. 혹시 도움주실 수 있는 다른 가족분들이 주위에 계시나요?
Patient	I am all by myself. My boys and girls are all grown up. They are in big cities living their own lives. I have good neighbours, though. They have been very supportive ever since I was widowed. 저 혼자예요. 자식들은 다 장성했고요. 대도시에서 본인들의 삶을 살고 있어요. 그래도 좋은 이웃들이 있어요. 굉장히 잘 도와주고요. 특히 사별 이후로는 더더욱이요.
PT	It is nice to hear that your neighbours are supportive. It is such a blessing to have caring neighbours. **Do you spend quite a bit of time with them?** 이웃들이 잘 도와주신다니 정말 다행이네요. 도움을 주는 이웃들이 있다는 것은 정말 축복이에요. 그분들과 시간을 곧잘 보내시나요?
Patient	Oh, yes. We go fishing, golfing, and do some yard work together when it is nice out during summer. We have a lot of things in common, so we enjoy each other's company. 당연하죠. 낚시도 가고, 골프도 치고, 여름에 날씨 좋을 때는 뒷마당 가꾸는 일도 다 같이 해요. 통하는 것들이 많아서 같이 하는 걸 좋아해요.
PT	Sounds very fun! I have a pretty good grasp of your home

	environment and support situation. Now I would like to ask you just a few more questions related to social history. **Do you drink or smoke, Simon?** 너무 재밌겠어요! 이 정도면 주거환경과 주변의 도와주시는 분들에 대해 감을 잡은 것 같아요. 이제 사회생활력과 관련된 다른 몇가지 질문을 드릴게요. **Simon, 음주나 흡연 하시나요?**
Patient	Yes. I used to smoke a pack per week, but I quit smoking last year. In terms of drinking, I occasionally drink when I hang out with my neighbours. 네. 일주일에 한 갑씩 피웠는데 작년에 끊었어요. 술 같은 경우는, 이웃들이랑 어울릴 때 가끔씩 마셔요.
PT	**How much and often would that be?** 얼마나 많이, 자주 드실까요?
Patient	I would say a glass of wine, twice a week. 일주일에 두 번 정도 와인 한 잔씩이요.
PT	Great. Thank you for being so cooperative and sharing stories. I appreciate it. 좋아요. 자, 이렇게 협조해주시고 여러 이야기를 들려주셔서 정말 감사드립니다.
Patient	No problem at all. 아무것도 아닌걸요.

 Social history를 조사하고 나면 환자의 배경에 대해 더 잘 이해할 수 있게 되고, 이것은 물리치료 평가 및 치료 계획을 수립하는 데 긍정적인 영향을 끼친답니다.

 재활(rehabilitation)이라는 것은 한 개인이 그동안 살아왔던 삶으로 다시 돌아가기 위한 여정이기 때문에 재활치료 계획을 수립할 때 사회생활력을 조사하는 것이 필수라고 할 수 있겠어요.

unit 4   주거환경 조사하기
What kind of house do you live in?

병원에 입원한 환자를 안전하게 집으로 퇴원시키기 위해서는, 환자가 어떤 주거환경에 거주하고 있는지 반드시 알아야 합니다.

집에 들어가려면 계단을 25개나 올라야 하는데 계단 연습도 하지 않고 퇴원시킨다거나, 방문이 좁아 휠체어로 들어갈 수 없는데 환자를 휠체어 탄 상태로 퇴원시키는 것은 안전하다고 말하기 힘들겠죠.

환자의 퇴원에 큰 영향을 미치는 주거환경, 이제부터 같이 조사해봅시다.

PT   Hi Elaine, my name is Laura, and I am the physiotherapist that will work with you today.
안녕하세요 Elaine, 저는 오늘 환자분과 함께하게 될 물리치료사인 Laura라고 해요.

Patient   Hi Laura.
안녕하세요 Laura.

PT   **I would like to ask you a few questions to understand your home environment.** Is that okay with you?
환자분의 주거환경을 더 잘 이해하기 위해 몇가지 질문을 하려고 해요. 괜찮으신가요?

Patient   Of course.
물론이죠.

PT   Great. **Do you live in a house or a condo?**
좋아요. 주택에 사시나요 아니면 아파트에 사시나요?

Patient	I live in a house. 주택에 살아요.
PT	Okay. **Is it a one-level or a multilevel house?** 좋습니다. 단층인가요 아니면 복층인가요?
Patient	It is a two-storey house. 2층짜리 집이에요.
PT	**Do you have any stairs outside to enter the house?** 집 밖에 계단이 있나요?
Patient	I have three steps at the front door, but I do not use them. I usually enter the house from the garage, and there is only one step. 앞문에 계단 세개가 있는데 잘 사용하지 않아요. 보통 차고에서 집으로 들어오고 그곳에는 계단이 하나 있어요.
PT	Perfect. **Are there any other stairs inside?** 훌륭합니다. 집 안에는 계단이 있나요?
Patient	There is a flight of stairs to the main bedroom. The kitchen and laundry area are on the main level. 큰방으로 가는 긴 계단 한줄이 있어요. 부엌이랑 세탁실은 1층에 있고요.
PT	Great. **Do you have any railings to hold when you climb the stairs?** 좋아요. 계단을 오르실 때 잡을 만한 손잡이가 있나요?
Patient	Yes, I do. I have them on both sides. 네, 있어요. 양쪽에 있습니다.
PT	Excellent. Now, **could you tell me about the bathroom that you usually use?** 훌륭해요. 이제 주로 사용하시는 화장실에 대해서 말씀해주실 수 있나요?
Patient	I usually use the one in the main bedroom.

	주로 큰방에 붙어있는 화장실을 이용해요.
PT	Okay. **Is it set up safely for you to use?** 그러시군요. 환자분이 사용하시기에 안전하게 꾸려져 있나요?
Patient	I think so. There are grab bars here and there. I can hold onto them when I use the toilet and the bathtub. 그런 것 같아요. 손잡이가 여러 군데에 있어서 변기를 사용하거나 욕조를 사용할 때 잡을 수 있어요.
PT	Perfect. **Have you had any difficulties getting around in your house?** 좋습니다. 집 안을 돌아다니는 데 어려움이 있으셨던 적은 없나요?
Patient	I find stairs challenging when I am tired. I will get someone to install a stair-lift, so I do not have to do them. I think there are fewer chances of falling if I use the stair-lift instead. 피곤할 때 계단이 힘든 것 같아요. 사람을 시켜서 계단승강기를 설치해서 계단을 오르내릴 필요가 없게 하려고요. 계단승강기를 사용하면 계단에서 넘어질 확률을 줄일 수 있을 것 같아요.
PT	That is a smart idea. Well, thank you for answering my questions. I will be back shortly with some equipment to get you moving. 현명한 방법이에요. 그럼, 질문에 답해주셔서 감사합니다. 환자분이 움직이실 수 있도록 기구 몇개를 가지고 금방 다시 올게요.
Patient	Okay. I will be here. 네. 여기 있을게요.

　환자와의 대화를 통해서 환자의 주거환경에 낙상위험요인이 있는지 확인하고, 낙상위험요인이 있다면 그것을 어떻게 해소할지 고민하는 것은 물리

치료사의 중요한 역할 중 하나입니다.

　환자를 통해 파악한 주거환경이 현재 환자의 기능상태로 생활하기에 안전하지 않다고 생각되거나 혹은 대화를 통해 파악한 정보로는 적합 여부를 정확히 판단하기에 어려운 경우에는 지역사회 치료팀에 주거환경평가 의뢰를 넣을 수 있습니다. 이 경우 지역사회 치료팀이 환자 주거지에 직접 방문하여 안전 진단을 하고 환자의 기능상태에 맞게 주거환경을 바꿀 수 있도록 돕습니다.

　나라마다 주거환경과 관습이 매우 다르기 때문에, 처음에는 주거환경 조사가 어렵게 느껴질 수도 있어요.

　아래의 Physio Tips 에서 북미의 다양한 주거형태에 대해 잠깐 살펴볼게요.

Physio Tips

북미의 다양한 주거형태

1. Single-detached home: 단독주택
   (보통 2층 이상, 가장 아래층은 부엌과 화장실을 시공하여 세를 내주는 경우가 많음)

2. Basement suite:
   Single-detached home의 아래층에 세 들어 사는 형태
   (보통 따로 마련된 뒤쪽문을 이용합니다.)

3. Semi-detached home:
   두 세대가 나란히 붙어있는 형태의 주택

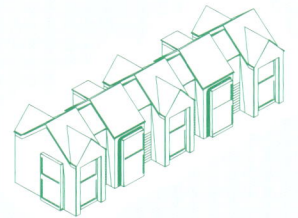

4. Townhome:
여러 세대가 나란히 붙어있는 형태의 주택

5. Apartment/condo:
아파트 (여러 세대가 아래, 위, 옆으로 붙어있는 형태)

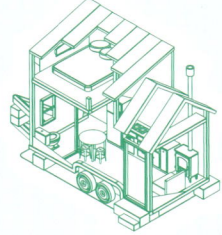

6. Trailer:
차 뒤에 매달아 끌고 다닐 수 있는 이동식 주택

7. Mobile home:
공장에서 생산되는 이동식 주택. 한국의 컨테이너 하우스와 같은 개념.

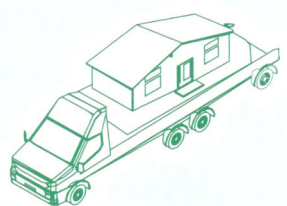

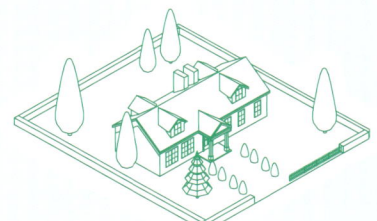

8. Ranch home(Rancher):
넓은 마당이 있는 긴 형태의 1층짜리 주택.

unit 5 키 물어보기
How tall are you?

한국은 길이의 단위로 cm와 m를 쓰죠? 미국과 캐나다에서는 inch와 foot을 씁니다. 한국과 다르기에 생소하게 느껴질 수밖에 없는 길이의 단위인 inch와 foot에 대해서 살펴볼게요.

이게 물리치료와 무슨 상관이 있냐고요? 아래의 대화를 잠깐 같이 볼게요.

PT Alright. Before we jump in, how tall are you?
좋아요. 시작하기 전에, 키가 어떻게 되시죠?

Patient I used to be five-four, but I think I have shrunk as I got older. **I think I am five-three now.**
원래는 5' 4"였는데 나이들면서 키가 줄었어요. 지금은 5' 3" 인 것 같아요.

PT Okay. I will adjust the length of the crutches to match your height.
좋아요. 목발을 환자분의 키에 맞게 조정할게요.

이렇게 환자에게 워커나 목발을 처방할 때, 환자의 키가 몇인지 묻는 경우가 종종 있습니다.

환자가 I am 160cm. 라고 하면 너무 알아듣기 편하겠지만, 대부분의 경우 위의 대화처럼 'I am five-three' 혹은 'I am five feet three' 라고 한답니다.

이때 inch와 foot에 대한 감이 없으면 숫자가 무엇을 의미하는지 단번에 이해하기가 어려워요.

자, 우선 단위부터 살펴봅시다.

1 foot = 30.48cm   1 inch = 2.54 cm

보시다시피 foot이 inch보다 큰 길이의 단위이고, 1foot은 12inches와 같습니다. 'I am five-three.' 여기서 앞의 숫자인 five는 feet을, 뒤의 숫자인 three는 inches를 의미해요. 'I am five (feet) three (inches).' 이렇게 괄호 안의 단위가 생략된 형태인 것이죠.

계산해보면, 5 feet = 152.4 cm, 3 inches = 7.62 cm로 더하면 160cm가 나옵니다. 키 말고도 물리적인 거리를 나타낼 때도 당연히 foot과 inch를 이용합니다.

PT   How far away is your bathroom from your bedroom?
          침실에서 화장실까지 얼마나 멀죠?

Patient   **It is about five feet away.**
          5피트 정도 떨어져있어요.

PT   That is nice and close!
          정말 가깝고 좋네요!

---

cm와 m에 익숙해져 있는 사람들에게는 완전히 새로운 길이의 단위인 inch와 foot이 너무 생소하게 느껴질 수밖에 없어요.

물론 자주 듣고 사용하다 보면 익숙해지지만, 이번 기회에 미리 알고 준비하시면 당황할 일이 없을 거예요.

본인의 키를 미리 inch와 foot로 변환하여 알고 있는 것도 좋은 방법입니다.

Chapter 2

주요 기능 평가하기

unit 1. 관절가동범위 평가하기

unit 2. 근력 평가하기

unit 3. 인지력 평가하기

unit 4. Bed mobility 평가하기

unit 5. 보행 평가하기

unit 1 관절가동범위 평가하기
Could I check how your shoulder moves?

물리치료 평가를 할 때 가장 기본이 되는 항목 중의 하나는 관절가동범위 평가입니다.

관절가동범위를 정확히 평가하기 위해서는 환자가 알맞은 움직임을 하는 것이 중요하죠? 움직임에 대한 지시를 내리는 물리치료사가 간결하고 정확한 표현을 사용하는 것 또한 참 중요합니다.

신체에는 여러 관절이 있고 관절마다 일어나는 움직임도 다른데요, 이번 시나리오에서는 여러 움직임이 일어나는 복잡한 관절 중 하나인 어깨관절을 평가해봅시다.

PT   Hi, Simon. Nice to see you again. It has been almost seven months since you had a total shoulder replacement! How are you doing?
안녕하세요, Simon. 다시 보니 좋네요. 어깨관절치환술을 하신 지 거의 7개월이나 되었네요! 어떻게 지내세요?

Patient   Hi, Laura. I think I am almost back to myself again. I could not have done this without your help.
안녕하세요 Laura. 제 생각에는 거의 예전의 저로 돌아온 것 같아요. 선생님 도움 아니였으면 못했을 거예요.

PT   That is great to hear.
그렇게 말씀하시니 좋네요.

PT	**I would like to assess how your shoulder moves today to see how you are doing now compared to how you were doing before.** 오늘은 어깨가 어떻게 움직이는지 검사를 해보고 이전에 비해서 얼마나 좋아지셨는지 한번 봅시다.
Patient	Okay, sounds good. 좋습니다.
PT	First, **I will get you to raise your arm towards the ceiling.** 먼저, 팔을 천장쪽으로 들어 올려보세요.
Patient	Like this? (demonstrates) 이렇게요? (보여준다)
PT	Great. I will use my goniometer to measure the range. You have about 130 degrees of flexion. **Does this movement bother you?** 네. 관절각도기를 사용해서 가동범위를 측정할게요. 굴곡은 130도 정도 나오네요. 이 움직임 불편하세요?
Patient	No, that felt okay. 아니요, 괜찮아요.
PT	Good. **Now could you pull your arm backwards?** 좋습니다. 이제 팔을 뒤로 뻗어보시겠어요?
Patient	Sure. 네.
PT	Awesome. You have about 45 degrees of extension. **How are you doing so far?** 잘하고 계세요. 신전은 45도 정도 나오네요. 지금까지 불편한 데는 없으세요?
Patient	So far, so good.

	네 좋습니다.
PT	Okay. **Next, I will get you to raise your arm sideways.** 좋아요. 다음으로는, 팔을 바깥쪽으로 들어봅시다.
Patient	Like this? (demonstrates) 이렇게요? (보여준다)
PT	Yes. It looks good. You have 135 degrees of abduction. 네. 좋습니다. 외전은 135도 나오고요.
Patient	Great. It felt smooth too. 좋아요. 이것도 부드럽게 느껴져요.
PT	That is good to hear. I want you to **bend your elbow to 90 degrees and tuck it in for the next movement. Then I will get you to move your forearm towards the outside.** 다행이에요. 다음 움직임은 팔을 90도로 굽히신 상태에서 팔꿈치를 몸에 붙이고 전완을 바깥쪽으로 돌려보는 거예요.
Patient	Okay. 네.
PT	You have 40 degrees of external rotation. 외회전은 40도 나오네요.
Patient	Is that good? 좋은건가요?
PT	Yes, you have progressed so well. **You were lacking quite a bit of range of motion when I started working with you, but you seemed to have improved very well based on what I am seeing today.** 네, 정말 잘 호전되고 있어요. 재활 초반에는 관절가동범위가 꽤 좁았는데 오늘 보니 정말 많이 좋아지셨네요.

Patient	That is wonderful to hear. 그렇게 말씀하시니 너무 좋네요.
PT	You did not seem to have any pain either, which is also a great sign. 통증도 그리 심하신 것 같지 않은데 이것도 좋은 신호거든요.
Patient	No, I did not notice my shoulder was getting sore or achy. It has been a while since I was able to move my shoulder without grimacing. 네, 어깨가 아프다거나 전혀 그런 것을 못 느꼈어요. 얼굴을 찡그리지 않고 어깨를 움직일 수 있는 게 정말로 오랜만이에요.
PT	Great work. Are you feeling better when you are doing things around the house? 잘하셨어요. 집안일 하실 때도 괜찮으신가요?
Patient	Yes. I can do my house chores without anticipating that I will be having pain around the shoulder. I guess that is a good sign. 네. 어깨에 통증이 생길 것을 더 이상 걱정하지 않고 집안일을 할 수 있게 됐어요. 좋은 신호인 것 같아요.
PT	Yes. That is excellent news. It means that you are getting more used to doing your regular activities without having your shoulder bothering you as much. I think we are getting close for you to get back to your everyday routine. Let's get started with your exercise program now. Does that sound okay? 정말 다행입니다. 어깨로 인한 불편함이 없는 일상생활에 점점 더 익숙해져가고 있다는 말씀이시네요. 제 생각에는 환자분께서 거의 일상을 회복하신 것 같아요. 그럼 이제 운동 프로그램을 시작해봅시다. 괜찮으신가요?

Patient That sounds like a great plan.
그렇다마다요.

　관절가동범위를 평가하는 동안 환자의 통증 정도나 불편함 여부를 자주 살펴보고 세심하게 체크하는 것이 좋습니다. 만약 움직임에 통증이 수반된다면 그것 또한 의무기록에 남겨야 함은 물론이고요.

　위의 환자는 수술 후 회복단계에 있어 통증이 심하지는 않았지만, 수술이나 부상 직후 통증이 극심한 환자를 대상으로 관절가동범위 평가를 진행해야 하는 상황도 있습니다. 이런 경우 간호사를 통해 환자의 통증약 복용 스케줄을 파악한 후, 통증이 최대한 조절된 상태에서 평가를 진행하는 것이 현명하겠죠?

unit 2 근력 평가하기

Could I check if you have any weakness in your leg?

관절가동범위 평가와 함께 늘 따라오는 것은 근력 평가입니다.

이번에는 어깨관절 대신 엉덩관절에 붙어 있는 근육들을 대상으로 근력 평가를 해볼게요.

PT Alright, Jane. Is this your third visit?
좋아요, Jane. 세번째 뵙는 건가요?

Patient I think so. It has been three months since I had my hip surgery done.
그런 것 같아요. 엉덩관절 수술을 한 지 3개월이나 되었네요.

PT How is it feeling these days?
요샌 좀 어떠세요?

Patient It has its moments, but my hip feels stronger overall.
안 좋을 때도 간혹 있긴 한데, 대체적으로는 근력이 올라온 느낌이에요.

PT That is good to hear. It has been three months, and you have been progressing well. **I would like to assess your hip muscle strength today to track your progress.**
다행이에요. 3개월 동안 잘해오셨어요. 오늘은 엉덩관절 근육 대상으로 근력 평가를 좀 해보고 경과를 살펴봅시다.

Patient Okay, sounds good.
좋아요.

PT	Great. **Could you please lie on your back?**
	네. 침대 위에 바로 누워보시겠어요?
Patient	Sure.
	그럼요.
PT	First, we are going to test your hip flexion strength. **Please bring your knee towards your chest.** I will put my hand on your knee. **Now, do not let me push you down.**
	먼저 엉덩관절굴곡근 근력평가를 할 거예요. 무릎을 가슴 쪽으로 당겨보세요. 제가 무릎을 이렇게 잡을 건데요, 제가 누르는 힘에 저항해보세요.
Patient	Okay.
	네.
PT	Excellent strength! **Do you have any pain with this movement?**
	근력이 정말 좋네요! 통증 있으신가요?
Patient	No, that felt okay.
	아니요, 괜찮네요.
PT	Okay, you seem to have 5/5 strength for hip flexion. For the next movement, **I'll get you to lie on your side. Then I would like you to lift your leg towards the sky. Do not let me push you down.**
	좋아요. 굴곡근은 근력이 만점이에요. 다음으로는, 옆으로 한번 누워보실게요. 그리고 다리를 하늘을 향해 들어보세요. 제가 누르는 힘에 저항하시고요.
PT	Okay.
	네.
PT	Great work. You seem to have 4/5 strength for your hip abduction. This muscle is usually the weakest for a lot of

	patients, including those who have not had hip surgery. 잘하셨어요. 외전근은 근력이 4/5정도 되네요. 많은 환자분들께서 이 근육이 약하세요. 엉덩관절 수술을 받지 않은 환자분들도 마찬가지고요.
Patient	Is that right? 그래요?
PT	Yes. You seem to have great strength there. For the last movement, **I will get you to lie on your belly. Then, lift your leg towards the sky.** I will put my hand behind your knee. **Stay still against my push.** 네. 환자분은 근력이 좋으시네요. 마지막으로, 엎드려서 한번 누워보세요. 그리고 다리를 하늘을 향해 들어보세요. 제가 무릎 뒤를 잡을 건데, 힘주고 버텨보세요.
Patient	Okay. 네.
PT	Good job. You have 4/5 strength for hip extension. **Did you have any pain with any of these movements?** 잘하셨습니다. 신전근도 근력이 4/5이네요. 앞에서 했던 움직임을 하실 때 통증이 있으신가요?
Patient	No, I did not have any pain. 아니요, 통증은 없어요.
PT	That is good. Usually, the hip abductors and extensors are weak after hip surgery, but you improved well with your strength. You were able to resist a moderate amount of resistance from me for those movements. 좋아요. 보통 엉덩관절 수술을 하고 나면 외전근과 신전근이 약해지는 경향이 있어요. 환자분께서는 근력 향상이 잘 이루어진 것 같습니다. 중간 정도 저항을

	잘 이겨내셨거든요.
Patient	Well, that is good to hear. 다행이네요.
PT	Great. I think you can wean off using a cane when you are walking. Your hip muscles are strong enough to support you when you are walking. 좋아요. 이제 걸으실 때 지팡이 쓰시는 시간을 점차적으로 줄여봐도 괜찮겠어요. 걸으실 때 엉덩근육이 잘 도와줄 만큼 근력이 충분히 좋아지셨어요.
Patient	I was wondering about that. I just needed your opinion. 안 그래도 궁금했어요. 선생님의 의견이 필요했답니다.
PT	Of course. Try to use your cane when doing stairs for support, but you can try walking without it otherwise. 그럼요. 계단을 오르내릴 때에는 추가적인 도움을 위해서 지팡이를 쓰시고요, 그 이외에 걸어다니실 때는 지팡이가 없어도 괜찮을 것 같아요.
Patient	Okay. I will give that a shot. 네. 한번 시도해볼게요.
PT	Great. Let me know if you experience any pain with that. I think we can progress to some intermediate exercises for your hip muscles. How do you feel about this? 좋아요. 통증 생기시면 알려주시고요. 이제 엉덩근육을 위한 중간 단계 운동으로 넘어가도 될 것 같아요. 어떻게 생각하세요?
Patient	Yes. I think I am ready to try some new exercises. 네. 새 운동을 해봐도 괜찮을 것 같아요.
PT	Great. I will be right back with some equipment. Don't go anywhere. 좋아요. 기구들을 가지고 금방 돌아올게요. 어디 가지 마시고요.

Patient	I will be right here. 여기 있을게요.

이번 시나리오에서는 엉덩관절에 붙어 있는 근육만을 대상으로 근력 평가를 진행했지만, 시나리오에 나왔던 표현을 사용하여 어깨 관절, 팔꿈치 관절, 무릎 관절 등 여러 관절에 붙어 있는 다양한 근육을 대상으로 근력 평가 연습을 해보시면 좋을 거예요.

unit 3 인지력 평가하기
What brought you to the hospital?

여러분이 평가하고자 하는 환자의 정신이 온전한지 빠르게 확인할 수 있는 방법을 알고 계신가요?

1. Person: 본인의 이름을 아는지,
2. Place: 현재 장소를 아는지,
3. Time: 현재 시간을 아는지 (연월일),
4. Situation: 현재 상황을 아는지 (왜 병원에 오게 되었는지)

이 네가지 질문을 함으로써 이 환자의 인지상태가 올바른지 빠르게 파악할 수 있어요.

평가할 때 필수항목은 아니지만, 많은 물리치료사들이 환자의 인지상태를 확인하면서 평가를 시작한답니다. 평가를 진행하면서 환자로부터 여러 정보를 얻게 될 텐데 환자의 인지상태가 분명하게 파악되지 않은 상황에서는 정보의 신빙성 여부를 가늠하기 어렵기 때문이에요.

본 평가에 앞서 먼저 인지력을 빠르게 평가한 후, 환자의 인지가 온전하지 않은 상태라면 보호자를 통해 환자에 대한 정보를 얻는 것이 효율적일 수 있습니다.

이번엔 저와 함께 환자의 orientation을 체크하러 가보시죠!

PT Okay. I would like to start by asking you some basic questions that I ask everyone.
좋아요. 몇가지 기본 질문을 먼저 여쭤볼게요. 제가 모든 환자에게 물어보는

		질문이에요.
Patient		Sure. Go ahead.
		그럼요. 질문하세요.
PT		**Could you tell me your full name please?**
		성함이 어떻게 되시죠?
Patient		Sure. My name is Simon George Chen.
		네. Simon George Chen 입니다.
PT		Great! Simon, **do you know where we are?**
		좋아요! Simon, 지금 계신 장소가 어딘지 아세요?
Patient		Yes, I do. We are at the GF Strong Rehabilitation Centre.
		네. GF Strong 재활센터입니다.
PT		Awesome. **What brought you here?**
		훌륭해요. 여기에는 왜 오게 되셨죠?
Patient		I had a stroke three weeks ago, and they sent me here for rehabilitation.
		3주 전에 뇌졸중이 왔는데, 이전 병원에서 재활을 받으라고 여기로 보냈어요.
PT		Great. **Could you tell me what date/month/year it is?**
		좋아요. 연월일을 말씀해주실 수 있나요?
Patient		Sure. It is May 11th, 2022.
		네. 2022년 5월 11일 입니다.
PT		Perfect. Thank you for answering all the questions.
		잘하셨어요. 질문에 대답해주셔서 감사합니다.

인지가 좋은 환자의 orientation을 체크하는 것은 위의 시나리오처럼 정말 간단하답니다.

이렇게 환자의 인지상태가 좋은 경우, "**The patient is fully oriented.**" 혹은 "**The patient is oriented x4.**" 라고 의무기록에 남기면 됩니다.

하지만 병원에서 일하다 보면 인지상태가 좋지 않은 환자들을 훨씬 많이 만나게 됩니다. 이런 환자들을 평가하는 것은 생각보다 어려울 수 있고요. 아래의 시나리오를 함께 보실까요?

Patient	Hello? Hello? Can somebody help me get out of here? 저기요? 아무도 없어요? 나 좀 여기서 꺼내줘요!
PT	Hi, Mrs. Smith. I am Laura from physiotherapy. I am here to assist you today. 안녕하세요 Smith님. 저는 물리치료사 Laura라고해요. 제가 도와드릴게요.
Patient	That is great. Where am I? Could you help me find my daughter? She was here a few minutes ago. 잘됐네요. 여기가 어디예요? 딸 찾는 것 좀 도와줘요. 방금까지만 해도 여기에 있었거든요.
PT	I was going to ask you the same question. **Do you know where we are**, Mrs. Smith? 제가 하려던 질문이에요. 지금 우리가 어디에 있는지 알고 계세요?
Patient	Aren't we in the mall? I was shopping with my daughter, but she is gone! (Patient is getting agitated.) 여기 쇼핑몰 아니에요? 나 우리 딸이랑 쇼핑하고 있었는데 딸이 사라졌다고요! (환자가 흥분하기 시작한다.)
PT	Mrs. Smith, you are in the hospital. You are safe, and the medical staff are looking after you. **Could you tell me your full name, please?** Smith님 여기는 병원이에요. Smith님은 여기서 안전하시고 모든 스태프가 잘

	돌봐드리고 있어요. **Smith**님 이름이 어떻게 되세요?
Patient	Elaine Smith. Elaine Smith예요.
PT	Perfect. Thank you. Elaine, **could you recall what happened to you?** What brought you to the hospital? 좋아요. 고마워요. Elaine, 무슨 일이 일어났는지 기억하세요? 병원에 어떻게 오게되었는지요?
Patient	I do not know! Stop asking stupid questions and find my daughter! 몰라요! 멍청한 질문들 좀 그만하고 내 딸이나 찾아줘요!
PT	As I mentioned before, I am here to help you. Take a deep breath. What is your daughter's name? 아까 말씀드렸듯이 제가 도와드릴 거예요. 심호흡 좀 해보세요. 따님 이름이 어떻게 되시죠?
Patient	Her name is Kathy. Kathy예요.
PT	Great. I will ask you one last question and see if I could find Kathy. 좋아요. 질문 마지막으로 하나만 더 드리고, Kathy를 찾을 수 있을지 알아볼게요.
Patient	Okay. 네.
PT	**Do you know what month it is?** 이번달이 몇 월인지 아세요?
Patient	Is it… September? 9월… 인가요?

51

위의 시나리오는 병원에서 정말 빈번하게 만나볼 수 있는 상황이랍니다.

Elaine의 경우 본인의 이름만 기억하고 나머지 질문에는 제대로 대답하지 못했죠?

이 경우, "**The patient is only oriented to self.**"(환자가 본인 이름만 인지하고 있음) 혹은 "**The patient identifies herself, but she is not oriented to place, time or situation.**"(환자가 본인 이름은 인지하고 있으나 장소, 시간, 상황에 대한 인지력은 떨어짐) 라고 의무기록에 남기면 되겠어요.

정신이 온전하지 못한 환자분들은 쉽게 흥분하거나 화를 낼 수 있기 때문에, 잘 진정시키면서 평가를 진행하는 스킬을 터득해야 해요. 환자가 이해하기 쉽게 천천히, 그리고 간결한 문장을 사용하여 의사소통하는 것이 효과적입니다. 이 과정에서 예의바르고 정중한 태도는 필수이고요. 환자가 이해하지 못한다 하더라도 물리치료사로서 본인을 소개하고 왜 여기에 왔는지 설명하는 것도 중요합니다.

만약 환자가 단순히 흥분하거나 화를 내는 것을 넘어서, 자제력을 잃고 폭력성을 보인다면 그때는 한발 물러나 간호팀이나 보안팀에 연락을 취하는 것이 좋습니다.

unit 4

Bed mobility 평가하기

Could you show me how you get out of bed?

환자에게 물리치료 평가에 대한 동의도 얻고, 사회생활력과 주거환경에 대한 조사가 끝나면 이제 본격적으로 환자의 거동상태를 평가할 차례입니다.

물리치료사가 환자의 거동상태를 평가하는 방법은 정말 많지만, 그중 가장 기본이 되는 요소는 바로 bed mobility 예요.

Bed mobility란, 환자가 침대에서 스스로 일어나 나오고, 다시 들어가서 누울 수 있는 능력을 뜻합니다. 또 침대에서 스스로 자세를 바꾸는 능력도 포함돼요. 이 능력의 상실은 안전한 퇴원에 큰 걸림돌이 됩니다.

PT   Alright, **let's see if you can get in and out of bed by yourself.**
좋아요, 스스로 침대에서 나오고 들어가실 수 있는지 한번 봅시다.

Patient   I can barely do it by myself, but I will try.
혼자서 거의 못하긴 하는데, 한번 해볼게요.

PT   Great. I am more than happy to help you out, but **I would like to see how much you can do by yourself.**
좋아요. 제가 기꺼이 도와드릴 수 있지만, 환자분 스스로 얼마나 하실 수 있는지 먼저 보고싶어요.

Patient   Okay. I roll onto my right side and swing my legs towards the edge of the bed like this.
네. 저는 이렇게 오른쪽으로 돌아누워서 다리를 침대 밖으로 휙 돌려요.

PT   You are doing excellent. Now, push through your arms to

	sit upright. 정말 잘하고 계세요. 이제 팔로 밀어서 바로 앉아 보세요.
Patient	I can't. This is the best I can do. 못하겠어요. 이게 최선이에요.
PT	That is fine. Let me help you sit up, okay? 괜찮아요. 제가 바로 앉을 수 있게 조금 도와드릴게요. 아시겠죠?
Patient	Sounds good. (Patient is now sitting up.) 좋아요. (환자가 일어나 앉는다.)
PT	There we are. **How are you feeling now that you are sitting up?** 자 됐어요. 앉아있는데 느낌이 어떠세요?
Patient	I am feeling a bit lightheaded, but it is not bad. 조금 띵하긴 한데 괜찮아요.
PT	Awesome. **Could you please lie back down?** 좋아요. 이제 다시 누워보시겠어요?
Patient	Sure. I usually go onto my side and then bring my legs up. I think returning to bed is easier than getting out of it. 네. 전 이렇게 한쪽으로 누워서 다리를 올려요. 눕는 게 일어나는 것보다 쉬운 것 같아요.
PT	Excellent! **Could you go up towards the head of the bed?** You can use your legs to push yourself up. 잘하셨어요! 침대 머리 쪽으로 올라가볼 수 있겠어요? 다리를 사용해서 몸을 위쪽으로 밀어보세요.
Patient	I can give it a try, but I find this difficult. I am pushing down on my feet to go up, but it is not working very well. 그게 힘들더라고요. 발로 밀어서 위쪽으로 올라가보려고 했는데 잘 안돼요.

PT	Alright. Keep your knees bent and push. Let me help you out a bit here. 알겠어요. 무릎을 계속 구부린 상태에서 밀어보세요. 제가 좀 도와드릴게요.
Patient	This feels much better. Thank you. 훨씬 낫네요. 감사합니다.
PT	No problem. That is it for today. Would it be okay if I ask the rehabilitation assistant to go over some bed exercises with you in the afternoon? I think this will help improve your bed mobility. 별말씀을요. 이제 끝났어요. 제가 오후에 재활치료보조사를 보내서 환자분한테 운동을 좀 가르쳐 드리려고 하는데 괜찮을까요? 운동으로 환자분의 bed mobility를 향상시킬 수 있을 것 같아요.
Patient	Absolutely. 당연하죠.

환자의 bed mobility는 간호팀에게도 참 중요한데요. 간호팀이 침상에서 환자를 케어할 때 어느정도의 물리적 도움이 필요한지 알아야 하기 때문이죠.

많은 물리치료사들이 환자의 bed mobility를 평가한 후 담당 간호사에게 평가 결과를 공유해주는 것도 같은 이유입니다.

Physio Tips

Bed mobility를 그림으로 만나봅시다.

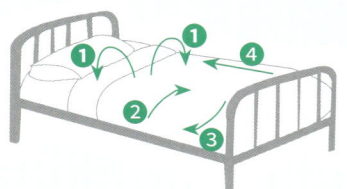

❶ Rolling: 옆으로 돌기
❷ Lying down: 눕기
❸ Sitting up: 일어나 앉기
❹ Going up (towards the head of the bed) : 침대 머리쪽으로 올라가기

unit 5 보행 평가하기
Would you mind if I take a look at how you walk?

온전한 거동상태는 한 개인의 자유와 삶의 질에 아주 밀접하게 연관되어 있습니다. 내가 가고 싶은 곳에 아무런 제약 없이 안전하게 갈 수 있는 능력을 상실하기 전에는, 이것이 얼마나 감사한 일인지 깨닫기 힘들죠.

그렇기에 다시 걸을 수 있도록 훈련하는 과정이야말로 재활의 꽃이라고 할 수 있을 텐데요, 이 과정은 물리치료사가 환자의 현재 보행상태를 평가하는 것으로부터 시작합니다.

아래의 시나리오를 통해 보행 평가가 어떻게 진행되는지 같이 살펴봅시다.

PT   Hi Barbara. My name is Laura. I am the physiotherapist that will be working with you today. I understand this is your first day at the rehabilitation unit. How are you feeling today?

안녕하세요 Barbara. 저는 Laura라고 해요. 오늘 환자분과 같이하게 될 물리치료사예요. 환자분께서 재활병동에서 보내시는 첫 날이라고 알고 있어요. 오늘 좀 어떠세요?

Patient   Hi Laura. I am feeling nervous since it is my first day here.

안녕하세요 Laura. 오늘이 첫날이라 조금 긴장이 되네요.

PT   I see. It may be daunting at first, but I am sure you will get used to the new facility here.

알아요. 처음에는 겁먹으실 수도 있는데 분명 새 공간에 적응하실 거예요.

Patient	Okay. What would you like me to do? 네. 뭘 하면 되나요?
PT	**I was hoping to see how you walk today and view it from different angles. After the assessment, I will provide recommendations and exercises to help improve your walking.** 오늘 환자분이 어떻게 걷는지 보려고 해요. 환자분이 걸으시는 것을 제가 여러 각도에서 자세히 관찰할 거예요. 평가 후에는, 더 잘 걸으실 수 있도록 조언을 드리고 운동을 알려드리려고 해요.
Patient	Okay. 네.
PT	Before we begin, I will help you put on your prosthetic leg first. I will also put a safety belt around your waist. 우선 의족 착용하시는 것부터 도와드릴게요. 안전벨트도 허리 근처에 착용할게요.
Patient	Thank you. 감사합니다.
PT	What type of gait aids were you using before you came in to the hospital? 병원에 오시기 전에는 어떤 보행보조기구를 사용하셨죠?
Patient	I was not using any gait aids. 아무것도 사용하지 않았어요.
PT	It is impressive that you were walking independently without a gait aid before the admission. 입원 전에 보행보조기구 없이 독립적으로 걸으셨다는 것이 정말 인상깊네요.
Patient	Yes, but that is a thing of the past. I am and will be reliant

on this prosthetic leg and a walker forever not to fall.

네, 근데 예전 일인걸요. 앞으로 평생동안 넘어지지 않으려면 의족과 워커에 의존해야 하게 생겼어요.

PT I am sorry to hear that. I cannot imagine what you have been going through. It must have been difficult to accept the gravity of the situation. But do not be discouraged from this. We want you to focus on your potential here. You can walk with a prosthetic leg because you have excellent leg strength. I know it is not ideal, but it is better than not being able to walk at all.

마음이 안 좋으시죠. 그동안 얼마나 많은 것을 겪으셨을지 감히 상상도 되지 않네요. 이 상황을 받아들이기 정말 힘드셨을 것 같아요. 그렇지만 이런 것들로 인해 낙담하지 않으셨으면 좋겠어요. 환자분께서 가지고 계시는 잠재력에 집중하시기 바라요. 다리 근력이 좋으시고 의족을 착용하여 걸으실 수 있잖아요. 완벽하진 않지만, 아예 걸을 수 없는 것보다는 상황이 좋으니까요.

Patient You are right. I think I am hard on myself. Thanks for the pep talk.

선생님 말씀이 맞아요. 제 자신을 너무 몰아붙인 것 같아요. 응원 감사합니다.

PT No problem. Now let us get back to the gait assessment. It is hard to maintain your balance with just the prosthesis, so are you okay with using the walker like you have been doing?

별말씀을요. 이제 다시 보행평가로 돌아가봅시다. 의족만 착용한 상태에서는 균형감각을 유지하는 것이 어려우니, 이때까지 해왔던 것처럼 워커를 같이 사용해볼까요?

Patient Okay.

네.

PT	I want you to walk straight ahead, and I will take a good look from the back. 앞으로 쭉 걸으시면 제가 뒤에서 한 번 볼게요.
Patient	(walks.) (환자가 걷는다.)
PT	Great. I will get you to walk again but this time I will observe you from the side. 좋아요. 다시 한번 걸어보실 건데 이번에는 제가 옆에서 관찰할게요.
Patient	(walks.) (환자가 걷는다.)
PT	Thank you. How are you feeling? 감사합니다. 어떠세요?
Patient	I am running out of gas. 숨이 차네요.
PT	Have a seat. Take a rest. 앉으세요. 좀 쉬세요.
Patient	Thank you. 감사합니다.
PT	I saw how you were walking, and **I noticed a few things that are commonly seen with someone who just started walking with a prosthetic leg.** I would like to give you some exercises to work on these deviations. I will briefly discuss these exercises with the rehabilitation assistant, then she will teach you these exercises thoroughly. Does that sound okay? 걸으시는 것을 봤는데, 의족을 막 착용하기 시작한 분들에게서 흔히 관찰되는

	문제점들이 눈에 띄었어요. 이 문제점들을 해결할 수 있도록 운동을 몇 가지 알려드릴까 해요. 제가 재활치료보조사와 운동에 관해서 이야기를 나눈 후에, 보조선생님이 환자분께 운동을 차근차근 알려드릴 거예요. 괜찮을까요?
Patient	Sure.
	그럼요.
PT	Great. Thank you for being cooperative. I will be right back with the rehabilitation assistant.
	좋아요. 협조 감사합니다. 재활치료보조사랑 금방 돌아올게요.

보행 평가를 하기 전 환자가 신발은 올바르게 신고 있는지, 안전벨트는 착용하고 있는지 꼭 확인해 보행 평가 중에 일어날 수 있는 낙상 위험을 최소한으로 하는 것이 중요합니다.

근처에 의자를 준비해두고 환자가 언제든 앉아서 쉴 수 있게 하는 것도 좋은 생각이에요. 또 많은 물리치료사들이 첫 보행 평가는 재활보조치료사와 함께 진행합니다. 거동 상태가 그리 좋지 않을 것이라고 예상되는 경우에는 혹시나 생길 수 있는 안전상의 문제에 대비하기 위함이죠.

보행 평가를 할 때는 신발, 안전벨트, 의자 이 세가지를 기억하세요! 언제나 환자의 안전이 우선입니다.

Chapter 3

움직임 연습하기

unit 1. 보행보조기구 소개하기

unit 2. 체중부하제한 알려주기

unit 3. 계단 연습하기

unit 4. 목발 연습하기

unit 5. 휠체어 트랜스퍼 연습하기

unit 1 보행보조기구 소개하기
Would you like to try using a walker?

근력이 약하거나 균형감각과 반응속도가 떨어지는 환자들은 낙상을 예방하기 위해 보행보조기구를 사용하여 걷는 것이 안전합니다.

이전에 보행보조기구를 사용해보지 않은 환자분들에게는 이것을 왜 사용해야 하는지, 사용했을 때 장점은 무엇인지 알려주는 것이 물리치료사의 중요한 역할이랍니다.

보행보조기구에는 여러가지 종류가 있지만, 병원에서 가장 흔히 사용하는 것은 바퀴가 두개 달린 워커예요.

더 많은 보행보조기구의 종류는 아래 Physio tips에서 확인하시고, 이번 시나리오에서는 바퀴가 두개 달린 워커를 사용해 볼게요.

PT	Hi Fred. I am Laura from physiotherapy. How are you?
	안녕하세요 Fred. 물리치료팀에서 나온 Laura예요. 좀 어떠신가요?
Patient	I am doing okay, but I had a terrible night.
	괜찮은데 최악의 밤을 보냈어요.
PT	Oh, what happened?
	무슨 일이 있었길래요?
Patient	I was going to the bathroom in the middle of the night. I lost my balance on the way back and fell on my hip.
	어제 밤중에 화장실에 갔어요. 돌아오는 길에 균형을 잃고 엉덩이로 넘어졌고요.
PT	Ouch. That must have hurt.

	아이고. 무척 아프셨겠어요.
Patient	Yes, my hip is quite sore at the moment. 맞아요. 지금 엉덩이가 너무 아파요.
PT	I am sorry to hear that. Luckily, nothing serious shows up on the X-ray. 어떡해요. 다행인건 X-ray 상으로는 크게 이상이 없다네요.
Patient	I see. That is good news. 그렇군요. 좋은 소식이네요.
PT	It is good news. The soreness you feel is likely from soft tissue damage. 좋은 소식이죠. 지금 아프신 것은 아마도 연부조직 손상으로 인한 것 같아요.
Patient	Okay. I still have trouble moving around because of the pain. 네. 통증 때문에 걸어 다니는 게 힘들어요.
PT	Yes, I understand. **I am here today because I know you have been having some pain around the hip. I'm hoping to help you regain your strength and mobility.** It is important to be active while you stay in the hospital to prevent secondary complications. 알고 있어요. 제가 오늘 온 이유도 환자분이 엉덩이 쪽에 통증이 있기 때문이고요. 환자분의 근력과 거동상태를 회복하는 것을 도와드리려고 왔어요. 병원에 입원해 계시는 동안 이차 합병증을 예방하기 위해서 자주 돌아다니는 것이 정말 중요해요.
Patient	I do understand the importance of it, but I don't think I can put much weight on that leg. 그게 중요한 것은 알고 있는데, 다리에 무게를 많이 실을 수 있을지 모르겠어요.

PT	**I here you. It must be difficult to put weight through your sore leg. That is why I brought a two-wheeled walker with me today for you to try.** 무슨 말씀인지 알아요. 아픈 다리에 무게를 싣는게 참 어렵죠. 그게 제가 바퀴 두개 달린 워커를 가져온 이유예요. 한번 시도해 보시면 좋겠어요.
Patient	Okay. How is that going to be helpful? 알겠습니다. 그게 어떻게 도움이 되죠?
PT	**This walker could be beneficial because you can put weight through your arms using it.** By doing this, **you can lessen the amount of weight going through your sore leg.** It will help you become more mobile while not putting too much weight on your injured leg. 이 워커가 좋은 이유는, 사용하면서 팔에 체중을 실을 수 있기 때문이에요. 그렇게 함으로써 아픈 다리에 가해지는 체중을 줄일 수 있어요. 아픈 다리에 체중을 덜 실으면서 더 많이 돌아다닐 수 있도록 돕는 거죠.
Patient	I see. That sounds good. 그렇군요. 좋네요.
PT	Yes. **Another benefit of using a walker is minimizing your risk of falls.** If you are unsteady on your feet, you can hold onto the walker for extra support. 네. 워커를 사용하는 또 다른 장점으로는 낙상 위험을 줄인다는 것이에요. 균형감각이 떨어지실 때 워커를 사용함으로써 추가 지지를 받으실 수 있어요.
Patient	I understand. I thought that I might have to hold onto something for balance when I walk. 알겠습니다. 걸을 때 균형감각을 위해서 뭔가를 잡아야 할지도 모른다고 생각하긴 했어요.
PT	Think of this as a good opportunity to try a walker. If you

	do not like it, I can always bring in different ones to see which one works the best. 워커를 사용해볼 수 있는 좋은 기회라고 생각해보세요. 만약 마음에 안 드시면, 환자분께 가장 잘 맞는 것을 찾기 위해 언제든 다른 선택지를 드릴 수 있어요.
Patient	That sounds good. I will try it out. 좋아요. 일단 시도해볼게요.
PT	Okay then. Let's give it a shot. 좋아요. 한번 해봅시다.

환자의 거동 상태를 평가하고 그에 알맞은 보행보조기구를 처방하는 것은 물리치료사의 중요한 역할 중 하나입니다.

알맞은 보행보조기구를 처방했다면 환자가 지역사회로 돌아가 안전하게 거동할 수 있도록 보행 연습을 하는 것 또한 중요하겠죠?

Physio tips

다양한 종류의 보행보조기구를 살펴볼까요?

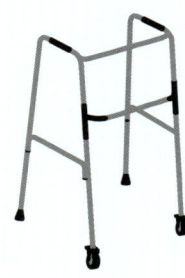
A two-wheeled walker

A four-wheeled walker

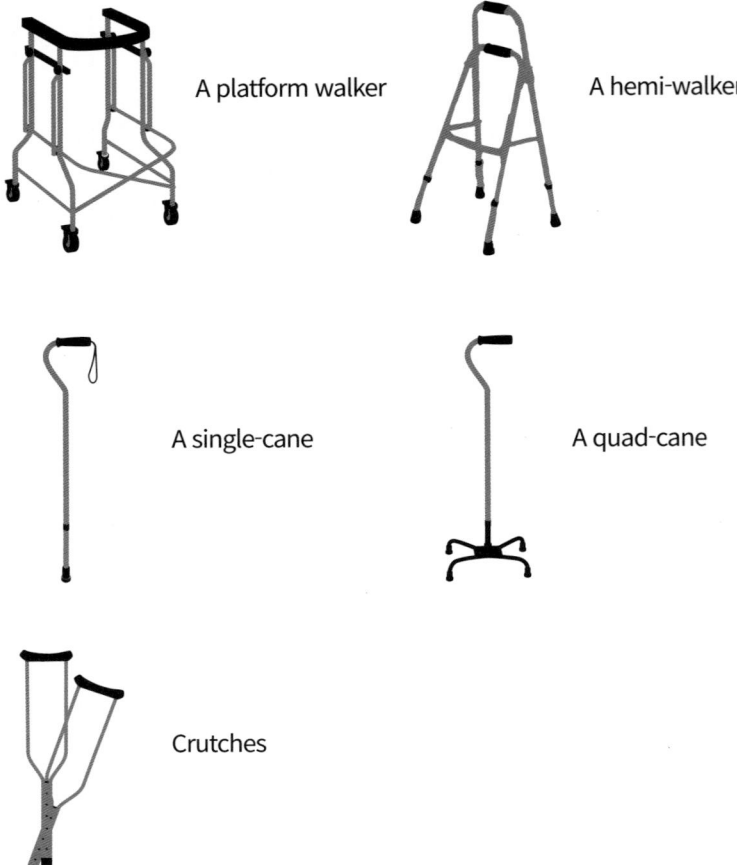

unit 2　체중부하제한 알려주기
Are you aware of your weight-bearing restrictions?

정형외과적 수술을 한 이후에 올바른 회복을 위하여 일정 기간 체중부하제한을 두는 경우가 많습니다.

수술을 집도한 외과의가 체중부하제한을 정해주면, 물리치료사는 환자가 그 체중부하제한을 잘 따르며 다시 움직일 수 있게 도와주는 역할을 합니다.

아래의 시나리오에서 같이 살펴볼게요.

PT　Hi Fred, my name is Laura from physiotherapy. How are you doing?

안녕하세요 Fred, 저는 물리치료팀에서 나온 Laura예요. 좀 어떠세요?

Patient　Terrible. I have been in bed since the surgery. I cannot even go to the bathroom.

최악이에요. 수술 이후로 침대에만 처박혀 있어요. 심지어 화장실도 못간다고요.

PT　That must be frustrating. My job as a physiotherapist is to **get patients mobile while they stay in the hospital. I would also like to remind you about your weight-bearing restrictions following the surgery.**

너무 답답하시겠어요. 제가 물리치료사로 하는 일은 환자분들이 병원에 계시는 동안 돌아다니실 수 있게 도와드리는 거예요. 환자분께 수술 후에 지켜야 할 체중부하제한에 대해서도 알려드릴게요.

Patient	That sounds great. 좋아요.
PT	I read through your chart and the orders. **He does not want you to put full body weight through the operated leg as it may complicate the healing process after the surgery.** 환자분의 차트와 외과의사 선생님의 오더를 좀 살펴봤어요. 수술 후 회복 과정을 방해하지 않기 위해서, 의사 선생님께서는 환자분이 수술하신 다리에 전체 체중을 지지하지 않기를 원하세요.
Patient	I think he briefly mentioned that, but my memory is foggy. Could you go over that part again, please? What does that mean exactly? 의사선생님이 설명해 주신 것 같긴 한데 기억이 흐릿하네요. 다시 한번 설명해주실 수 있나요? 정확히 어떤 의미예요?
PT	Not a problem. He has prescribed 'Toe-Touch Weight-Bearing,' which means **you should only lightly touch the floor** with your toes while standing. 당연하죠. 의사선생님이 내리신 오더는 "발끝 체중부하"예요. 무슨 말이냐면, 선 상태에서 발끝으로 가볍게 땅을 터치하는 정도만 허용이 됩니다.
Patient	Okay. "Toe-Touch"? How much weight am I allowed to put then? 그렇군요. "발끝"? 무게를 얼마나 실을 수 있는 거예요?
PT	For "Toe-Touch Weight-Bearing", imagine there is an egg under your foot. **Put a gentle weight on the egg that allows you to walk forward without crushing the egg.** If you crush the egg, you are putting too much weight through your operated leg.

	"발끝 체중부하"를 이해하기 위해서 발 밑에 계란이 있다고 생각해보시는 거예요. 계란을 깨지 않을 만큼 아주 살짝 누르며 앞으로 걷는 거예요. 만약 계란이 깨지면, 무게를 너무 많이 실으시는 거예요.
Patient	I see. That sounds very difficult. 알겠어요. 되게 복잡하게 들리네요.
PT	It is challenging to maintain this weight-bearing restriction when you are trying to be mobile. **To put it simply, try to put most of your body weight through your non-operated leg and arms when you are moving.** 체중부하제한을 잘 따르면서 움직이는 것이 어렵긴 해요. 간단히 말하면, 대부분의 체중을 수술하지 않은 다리와 팔로 지지하시면 돼요.
Patient	I see. I understand now. What should I use to offload the weight then? 알겠습니다. 이제 이해가 됐어요. 체중부하를 줄이려면 어떤 것을 사용해야 하죠?
PT	We usually get patients to start with gait aids such as walkers or crutches. Were you using any gait aids before the surgery? 보통 환자분들을 워커나 목발 같은 보행보조기구로 시작하게 해요. 수술 전에 걸으실 때 어떤 것을 사용하셨나요?
Patient	No, I wasn't using anything. My balance was good. 아무것도 사용하지 않았어요. 균형감각이 좋았거든요.
PT	Okay, then why don't we try the crutches first? If you find them too difficult, don't worry. We always have other options. 좋아요, 그러면 목발을 사용해서 걷게 도와드려볼게요. 만약 목발을 사용하는 것이 너무 어려워도 걱정하지 마세요. 항상 다른 선택지가 있답니다.

Patient	Sounds good. Let's try the crutches.
	좋습니다. 한번 해보죠.
PT	Great. I will be right back with the crutches.
	좋아요. 금방 목발을 가지고 올게요.

어르신들의 경우 이미 약화된 근력과 저하된 균형감각을 가지고 계신 분들이 많기 때문에 체중부하제한을 잘 따르면서 거동하는 것이 꽤 까다로울 수 있습니다.

만약 어떤 보행보조기구를 이용하든 거동 시 낙상위험이 높다고 판단되면 휠체어 사용을 권장하는 것도 좋은 생각입니다.

물론 이 경우 환자의 주거환경이 휠체어 사용에 적합한지 고려해봐야 겠죠.

Physio tips

체중부하제한은 허용하는 체중의 부하 정도에 따라 여러 단계로 나뉩니다.

1. **Non-Weight-Bearing (NWB)**: 체중부하 완전 제한. 이 경우 걸을 때 체중의 100%를 반대쪽 정상 다리로 지지해야 합니다.
2. **Toe-Touch Weight-Bearing (TTWB)**: 발끝 체중부하. 발끝을 살짝 바닥에 내려두는 것은 허용됩니다. 통상적으로 체중의 10% 이하만을 부하하도록 제한합니다.
3. **Feather Weight-Bearing (FeWB)**: 깃털체중부하. 깃털이 내려 앉은 무게만큼 부하하는 것이 허용됩니다. FeWB은 TTWB과 거의 같은 개념으로 사용됩니다.
4. **Partial Weight-Bearing (PWB)**: 부분 체중부하. 체중의 50% 이하만을 부하하도록 제한합니다.

5. **Weight-Bearing As Tolerated (WBAT)**: 견딜 수 있는 만큼 체중부하. 이 경우는 환자가 견딜 수 있는 만큼 자유롭게 체중부하를 하는 것이 허용됩니다.
6. **Full Weight-Bearing (FWB)**: 완전 체중부하. 체중의 100%를 부하하는 것이 허용됩니다.

unit 3 계단 연습하기
Would you like to try stairs with me?

전체적인 근력이 약하고 균형감각이 떨어지는 경우 계단을 오르내리는 것이 꽤 힘들 수 있죠.

특히나 정형외과적 수술을 하고 난 환자들은 통증이나 줄어든 관절가동범위, 체중부하제한(weight-bearing restrictions)으로 인해 계단을 오르내리는 것에 더 어려움을 느낄 수 있어요.

두 시나리오를 통해 계단 연습하는 과정을 알아볼 텐데요. 첫번째 시나리오는 할머니와 계단을 연습하는 과정, 두번째 시나리오는 엉덩관절 치환술을 한 환자와 계단을 연습하는 과정입니다.

---

1. Stairs practice with an elderly lady
근력이 약한 어르신과 계단 연습하기

PT   Hello, Barbara. My name is Laura, and I am one of the physiotherapists working here. I heard you are doing well with walking, and the team is planning for you to be discharged tomorrow. Your nurse told me **you have to climb up a flight of stairs to get to the main bedroom in your house**. Is this correct?

안녕하세요 Barbara. 저는 여기서 일하는 물리치료사 중 한 명인 Laura예요. 환자분께서 잘 걸으신다고 들었어요. 의료진이 내일쯤 환자분을 퇴원시킬 계획이라고 하더라고요. 간호사 선생님께서 저한테 말씀하시길, 환자분 집에서 안방으로 가기 위해서는 계단을 올라야 한다고 하던데 맞나요?

Patient	Hello Laura. Yes, I have to climb up a flight of stairs to get to the main bedroom. 안녕하세요 Laura. 네, 안방으로 가기 위해서는 계단을 올라야 해요.
PT	**Could you tell me how many steps you have to get to your bedroom, please?** 안방으로 가려면 몇개의 계단을 올라야 하는지 말씀해주실 수 있나요?
Patient	Yes. I think it is about eight steps in total. 그럼요. 다 합쳐서 여덟개 정도인 것 같아요.
PT	**Do you have any railings on those steps?** 계단에 손잡이가 있나요?
Patient	I have rails on both sides. 양쪽에 손잡이가 있어요.
PT	Okay. As we are aiming for discharge tomorrow, **I would like to take you to the staircase we have on this unit to practice.** Once we practice how to go up and down the stairs. I'm confident that you will be able to manage them without too much difficult when you get home. 좋아요. 내일 퇴원 예정이시니까 병동 안에 있는 계단에서 연습하면 좋을 것 같아요. 계단을 오르내리는 걸 연습하고 나면 집에 가셔서도 크게 어려움 없이 잘 하실 수 있으실 거예요.
Patient	Okay. (PT takes the patient to the staircase.) 네. (물리치료사가 환자를 계단으로 데려간다.)
PT	**The first thing I would like you to do is walk as close as possible to the first step. Then, hold onto the railings with your hands.** 가장 먼저 하셔야 할 일은 첫번째 계단에 가까이 가시는 거예요. 그다음

73

	손잡이를 잡으세요.
Patient	Like this?
	이렇게요?
PT	Yes. Now before we go up the stairs, which leg is stronger than the other?
	네. 이제 계단을 오르기 전에, 어떤 다리가 더 강하세요?
Patient	My right leg is stronger since I am right-handed.
	제가 오른손잡이라서 오른다리가 더 강해요.
PT	Okay. **I want you to lead with your right leg and then follow through with your left leg.** Can you do that for me?
	좋아요. 오른다리를 먼저 올리시고 그다음 왼쪽다리가 따라갈 거예요. 해보실 수 있겠어요?
Patient	Okay. (Patient is now at the top of the staircase.) How do I go down?
	네. (환자가 이제 계단 가장 위쪽에 있다.) 어떻게 내려가요?
PT	First, turn around and face the stairs. **Hold the rails and bring your weaker leg down first.** Use the rails for balance and support.
	우선 돌아서 계단을 바라보세요. 손잡이를 잡으시고, 약한 다리를 먼저 내리세요. 균형감각과 지지를 위해 손잡이를 사용하세요.
Patient	I am scared. I don't think I can do it.
	무서워요. 못할 것 같아요.
PT	**I will be right next to you to make sure you are safe at all times.**
	환자분이 안전하도록 제가 바로 옆에 있을 거예요.

Chapter 3 움직임 연습하기

Patient	Hold onto me tightly, please. 꽉 잡아줘요, 부탁이에요.
PT	Okay. Now give it a try. **Go down with your left leg, and then bring your right leg down next to your left leg.** 그럼요. 이제 한번 해보세요. 왼쪽 다리로 내려가시고 그다음 오른쪽 다리를 왼쪽 다리 바로 옆으로 가져오세요.
Patient	Okay. (Patient is now at the bottom of the staircase.) I'm done. That was scary. 네. (환자가 이제 계단 가장 아래쪽에 있다.) 했네요. 무서웠어요.
PT	You did well today, but **I don't think you are ready to do the stairs on your own yet.** 오늘 정말 잘하셨어요. 그치만 아직 계단을 혼자 오르내릴 준비가 된 것 같지는 않아요.
Patient	I agree. I am too weak and scared right now. 동의해요. 저는 아직 너무 약하고 무서워요.
PT	I think you will do better if you practice a few more times with me. **I would also recommend you to take your time and do these slowly. It is never good to be anxious when doing something like this as it may increase the risk of falling.** 저랑 연습 몇번 더 하시면 더 잘하실 거예요. 그리고, 여유를 가지고 천천히 하는 것을 명심하세요. 계단 같은 것을 오르내릴 때 불안해하는 것은 낙상 위험을 증가시킬 수 있기 때문에 절대 좋지 않아요.
Patient	You are right, Laura. Thank you. I will try my best to be calm myself down. Laura 선생님 말씀이 맞아요. 감사합니다. 평정심을 찾기 위해 최선을 다해볼게요.
PT	No problem. I will come and see you around the same

time tomorrow to practice this again. Goodbye.
별말씀을요. 내일 다시 계단 연습하러 같은 시간에 올게요. 쉬세요.

2. Stairs practice post total hip arthroplasty (THA)
엉덩관절 치환술을 한 환자와 계단 연습하기

PT Hello Elaine, how are you today?
안녕하세요 Elaine, 오늘 좀 어떠세요?

Patient I am doing great. I am walking to the bathroom on my own now.
좋아요. 저 이제 화장실까지 혼자 가요.

PT Great job. I think you are almost ready to go home since you have been doing so well. **I'm hoping to see how you manage stairs.**
잘하셨어요. 이제까지 너무 잘 해오셔서 거의 집에 가실 준비가 되신 것 같아요. 환자분이 계단을 잘 하실 수 있는지 보려고 해요.

Patient That sounds good. (PT takes the patient to the staircase.)
좋아요. (물리치료사가 환자를 계단으로 데려간다.)

PT **Could you remind me how many steps you need to do to enter your house?**
집에 들어가기 위해서 계단이 몇개나 있는지 다시 여쭙고 싶은데요.

Patient I have three steps.
세개가 있어요.

PT **Do you have railings on those?**
손잡이가 있나요?

Patient I have one on the right side going up.
올라갈 때 손잡이가 오른쪽에 있어요.

PT	Okay, since you only have one railings, I suggest using a cane on the other side for extra support. I want you to hold onto the railings with your right hand. Your left hand is going to hold a cane. 네. 손잡이가 하나밖에 없기 때문에, 안정감을 위해서 다른 손으로는 지팡이를 사용하시는 것이 좋아요. 오른손으로는 손잡이를 잡으실거고요. 왼손으로는 지팡이를 잡으시는거에요.
Patient	Like this? (demonstrates.) 이렇게요? (보여준다.)
PT	Yes. **When you are going up, go up with your non-operated leg first, followed by your operated leg and then your cane.** 네. 올라가실 때는 수술하지 않은 다리를 먼저 올리시고, 그다음 수술한 다리와 지팡이가 같이 따라갈 거예요.
Patient	So, I start with my right leg? 그러면 저는 오른쪽 다리로 시작하면 되나요?
PT	Yes. I will be right next to you to help you out. 맞아요. 제가 도움을 드리기 위해서 바로 옆에 있을게요.
Patient	(Demonstrates.) That is not too bad. (보여준다.) 많이 어렵지 않네요.
PT	Great job. **When you are going down, we want you to lead with the cane, followed by your operated leg and then your non-operated leg.** Try it out. 잘하셨어요. 내려가실 때는 지팡이를 먼저 내리시고, 수술한 다리와 수술하지 않은 다리를 차례로 내리세요. 한번 해보세요.
Patient	Is there an easy way to remember this? 쉽게 외울 수 있는 방법이 있을까요?

PT	Yes. **The phrase we use to remember is "Go up with the good, down with the bad."** 네. 외우기 위해서 쓰는 문구가 있는데 "좋은 다리로 올라가고, 나쁜 다리로 내려가라"가 그것이에요.
Patient	That is easy to remember. Thank you for practicing the stairs with me. 외우기 쉽네요. 같이 계단 연습해주셔서 감사해요.
PT	You are welcome. Do you have any other questions on how to manage stairs? 천만에요. 계단 오르내리는 것에 관련해서 다른 질문사항 있으신가요?
Patient	No, that is all. Thank you. 아니요, 이게 다예요. 감사합니다.
PT	No problem. Goodbye. 문제없습니다. 안녕히 계세요.

생각보다 많은 환자들이 계단 연습을 많이 두려워하고 어려워합니다. 환자가 계단 연습 시 불안해하거나 무서워하는 경우 안심시키는 말과 차분한 목소리를 사용해 환자를 최대한 진정시키는 것이 좋습니다. 심호흡을 권장하는 것도 좋은 생각이고요. 불안해하는 상황에서 몰아붙이거나 격양된 목소리를 사용하는 것은 삼가는 것이 좋습니다.

또 혹시나 모를 낙상 위험에 대비하여 연습 시 허리 안전벨트를 착용하는 것도 중요합니다. 환자가 걸을 수도 없을 만큼 근력이 약한 상태라면 당연히 계단 연습은 나중으로 미루는 것이 안전하겠죠.

언제나 가장 중요한 것은 환자의 안전입니다.

Physio Tips

A flight of stairs란?

끊기지 않고 한줄로 연속된 계단을 의미합니다. 아래의 그림과 같은 경우에는 끊기지 않고 연결된 총 7개의 계단을 a flight of stairs라고 할 수 있겠죠.
또 그림에도 나와있다시피 중간에 있는 평평한 공간을 landing이라고 합니다.
아래의 그림을 묘사하자면 "**I have two flights of stairs and there is a landing in between.**" 이라고 할 수 있겠어요.

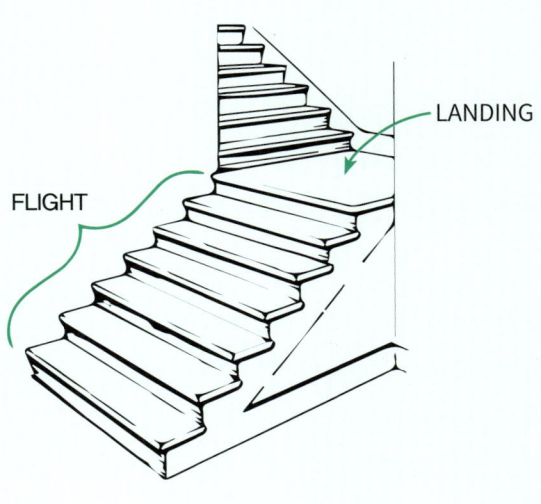

unit 4 목발 연습하기
Have you used crutches before?

정형외과적 수술을 한 환자들 중, 젊거나 활동량이 많은 환자들은 목발을 사용하여 걸을 수 있게 돕습니다.

목발을 처음 사용하는 경우 숙지하고 있어야 할 사항이 많은데요, 이러한 것들을 제대로 숙지하지 않은 상태에서 목발을 사용한다면 낙상으로 이어질 수 있습니다.

물리치료사는 환자가 목발을 사용하여 안전하게 걸을 수 있도록 제대로 교육하고 연습하는 것을 도와야 합니다.

아래의 시나리오에서 한번 살펴볼게요.

PT   Hello Fred, my name is Laura from physiotherapy. **I understand you just had surgery for your broken leg.** How are you feeling after the surgery?

안녕하세요 Fred, 물리치료팀에서 나온 Laura예요. 어제 부러진 다리 수술을 하신 것으로 알고 있어요. 수술 후에 좀 어떠신가요?

Patient   Hi Laura, I am doing fine. Thank you for asking.

안녕하세요 Laura, 전 괜찮아요. 여쭤봐주셔서 감사해요.

PT   That is good to hear. **Your surgeon has asked us to teach you how to get around after surgery while adhering to the weight-bearing restrictions.**

다행이네요. 의사선생님께서 환자분이 수술 후 체중부하제한을 잘 지키면서 움직이는 방법을 알려드리라고 부탁하셔서 와봤어요.

Patient   What kind of restrictions are you talking about? Could you explain it to me, please?
무슨 주의사항을 말씀하시는 거죠? 자세하게 설명해주실 수 있나요?

PT   Yes, of course. **Depending on the type of injury and surgery a patient get, the surgeon provides us with guidelines on how much weight the patient is allowed to put on their legs.** This is to allow the surgical leg to be healed properly. In your case, **your surgeon does not want you to put any weight on that operated leg.** For this reason, I think crutches are the most appropriate for your situation.
그럼요. 부상 정도와 환자분이 받으신 수술에 따라서, 의사선생님께서는 환자분이 다리에 실을 수 있는 무게에 대한 지침을 제공해요. 수술한 다리가 올바르게 회복되게 하기 위함이죠. 환자분의 경우에는 의사선생님께서 수술한 다리에 무게를 싣지 말라고 하시네요. 그렇기 때문에 목발을 사용하여 걷는 것이 환자분 상황에 가장 알맞은 것 같아요.

Patient   Oh I see. So I am not allowed to put any weight on my leg when I am up, but why crutches?
그렇군요. 일어날 때 다리에 무게를 실으면 안 되는군요. 근데 왜 목발이죠?

PT   That is a good question. Since you are not allowed to put any weight on that leg, you will need to hop on your non-operated leg. Crutches will allow you to be mobile while not putting any weight on that operated leg. If you find using crutches too challenging, we can also consider using a walker instead.
좋은 질문이에요. 다리에 무게를 실으면 안 되기 때문에, 수술하지 않은 쪽 다리만을 사용해서 깡충 뛰셔야 하거든요. 목발은 수술한 다리에 체중지지를

	하지 않으면서 환자분께서 걸어다닐 수 있게 해요. 만약 목발을 사용하는 것이 너무 어려우면, 대신 워커를 사용하는 것을 고려해 볼 수 있어요.
Patient	No, I do not want to look old. Crutches will be fine. 아니요, 늙어 보이고 싶지 않아요. 목발이 좋을 것 같아요.
PT	Okay. First, could you sit up at the edge of the bed for me? 좋습니다. 우선 침대 가장자리에 앉아보시겠어요?
Patient	Sure. Woah, I feel dizzy. 그럼요. 와후, 어지럽네요.
PT	I want you to take your time and go slow. It is normal to feel dizzy or lightheaded if you are sitting up for the first time after surgery. It would be a good idea to sit up for a bit before we stand up. 서두르지 마시고 천천히 하세요. 수술 후 처음 일어나 앉으시면 어지러운 것이 정상이에요. 일어나서 움직이기 전에 조금 더 앉아 있는 게 좋겠어요.
Patient	Okay. I have never used crutches before. **Do you mind going over the basics with me?** 네. 저 한 번도 목발을 사용해 본 적이 없는데요, 기본적인 것들을 알려주실 수 있나요?
PT	Sure. First, how tall are you? 그럼요. 먼저, 키가 어떻게 되시죠?
Patient	I am 5' 11". 180cm 예요.
PT	Okay. **The first thing to do when using the crutches is to make sure they are set to the right height for you.** I will adjust the length of the crutches to match your height. You can do this by pushing the buttons and rotating them.

	There are numbers indicated for each height where the holes are. You just need to match them. 좋아요. 목발을 사용하실 때 가장 먼저 확인하셔야 하는 것은 목발이 환자분께 알맞은 올바른 높이인지예요. 환자분의 키에 맞춰서 목발의 높이를 조절할게요. 이 버튼을 눌러서 돌리면 조절하실 수 있어요. 구멍마다 키를 가리키는 숫자가 적혀 있어요. 해당 구멍에 맞추시면 돼요.
Patient	Okay, that is easy. 네. 쉽네요.
PT	Yes. Another way to check if the crutches are the right height is to ensure **the hand grips are at the same height as where your wrist creases are** when you stand upright with your elbows fully straightened. 네. 목발이 알맞은 높이인지 확인하는 다른 방법으로는, 바로 선 상태에서 팔을 바로 폈을 때 목발의 손잡이 부분이 손목 부근에 위치하는지 보는 거예요.
Patient	I see. 그렇군요.
PT	The next thing to check before you use the crutches is to examine **the bottom part of the crutches where the rubber tips are.** If there is anything stuck in the tips like debris, please remove them before using them so that **the integrity of the tips remains well.** 다음으로 확인하실 것은, 고무팁이 붙어있는 목발 가장 아래쪽이에요. 만약 고무팁에 쓰레기 같은 것이 붙어 있다면 꼭 제거해주셔서 고무팁이 온전하게 해주세요.
Patient	Okay, I will do that. 네. 그렇게 할게요.
PT	Alright. The third thing you should check is to make sure

	there is enough space between the top of the crutches and your armpit. **There should be around two to three finger-widths between your armpit and the top of the crutches.** This will lessen any discomfort you may feel around the armpit area if the crutches were to be too high.

좋아요. 세번째는, 목발 가장 윗부분과 겨드랑이 사이에 공간이 있는지 확인하는 것이에요. 목발과 겨드랑이 사이에 손가락 두개나 세개만큼의 공간이 있어야 해요. 목발이 너무 높을 때 느낄 수 있는 겨드랑이 근처의 불편함을 줄일 수 있어요.

Patient   Sounds good.

좋아요.

PT   Now you are ready to use them. **Hold two crutches with one hand and push through the other hand to stand on your non-operated leg.**

이제 목발을 사용하실 준비가 다 된 겁니다. 목발 두개를 한손으로 잡으시고, 다른 손으로 누르면서 일어나세요. 수술하지 않은 쪽 다리로 서시고요.

Patient   Okay. (demonstrates.)

네. (보여준다.)

PT   Good job. Now move one of the crutches to your opposite side. How does that feel?

잘하셨어요. 이제 목발 하나를 반대쪽으로 옮기세요. 어떠세요?

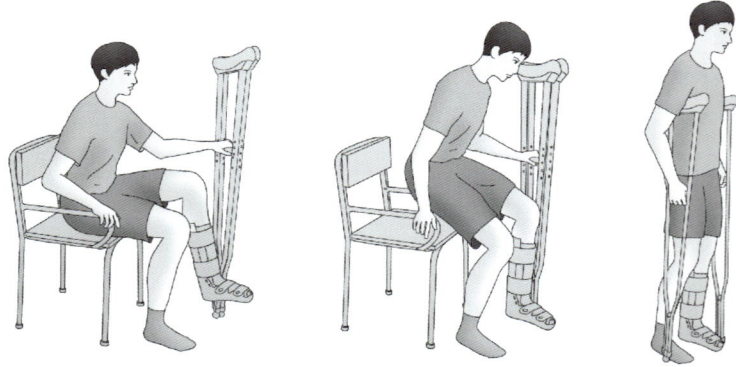

Patient	It feels awkward because it is my first time using it. 좀 어색하긴 한데 처음 사용해보는 거니까요.
PT	**Let me quickly double check if they are the right height for you.** They look good. Now I'll get you to bring crutches forward and hop on your non-operated leg to advance. 목발의 높이가 적당한지 빨리 체크해볼게요. 좋아 보이네요. 이제 목발을 앞으로 옮기시고 수술하지 않은 쪽 다리로 껑충 앞으로 뛰어보세요.
Patient	Okay. Like this? (demonstrates.) 네. 이렇게요? (보여준다.)
PT	That looks good.

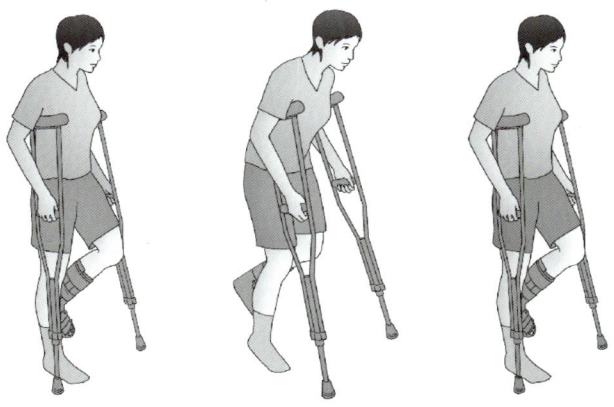

잘하셨어요.

Patient	This is not too difficult. I think I can get used to it. 별로 어렵지 않은데요. 적응될 것 같아요.
PT	That is good to hear. **Again, you are not allowed to put any weight on that leg for three months, so make sure**

	to use the crutches during this time to adhere to that.
	다행이네요. 다시 말씀드리지만, 수술한 다리에는 앞으로 3개월간 체중지지를 하시면 안 돼요. 그러니 목발을 사용하시는 동안 이것을 꼭 지켜주세요.
Patient	Okay. I will do that.
	네. 그렇게 할게요.
PT	Well, that is it. Do you have any other questions before we finish up the session?
	그럼, 이것으로 충분해요. 끝내기 전에 다른 질문 있으신가요?
Patient	I can't think of any at the moment. Thank you very much for your help, Laura.
	지금은 없어요. 도와줘서 고마워요 Laura.
PT	If you have any questions, you can ask the nursing staff to get in touch with me. Otherwise, it has been great working with you. Goodbye.
	질문이 더 있으시면, 간호사 선생님을 통해서 저에게 알려주세요. 그럼, 그동안 즐거웠습니다. 안녕히 계세요.

어르신들의 경우 대개 목발보다는 워커를 사용하여 보행 연습을 하는 것이 안전합니다. 또 젊은 환자라도 기존 거동 상태가 좋지 않거나 통증 및 불안 정도가 심해 낙상의 위험이 있다고 판단되는 경우 목발보다 워커를 사용하여 보행 연습을 시작하는 것이 안전하고요.

환자의 안전을 최우선하는 동시에 거동 상태를 최적화 할 수 있는 보행도구를 선택하는 것이 중요하다고 할 수 있겠어요.

unit 5

휠체어 트랜스퍼 연습하기
Could I help you to get from bed to a wheelchair?

여러 이유로 인해 걸을 수 없게 되는 경우 가장 먼저 고려하게 되는 이동 수단은 휠체어입니다. 휠체어는 근력이 약한 환자들도 타인의 도움 없이 안전하게 돌아다닐 수 있도록 돕기 때문에, 환자의 독립성에 아주 큰 기여를 합니다.

이동 수단으로 휠체어를 사용하기로 결정했다면 독립적으로 휠체어에 타고 내리는 것을 연습해야겠죠? 휠체어에 타고 내리는 것을 트랜스퍼라고 하는데요, 트랜스퍼에는 여러 종류가 있습니다.

아래의 시나리오에서 서로 다른 두 트랜스퍼에 대해 배워볼게요.

---

1. Sliding board transfer
슬라이딩 보드 트랜스퍼

PT Hi, Barbara. My name is Laura, and I am the physiotherapist working on this unit. How are you today?
안녕하세요 Barbara. 저는 이 병동에서 일하는 물리치료사인 Laura라고 해요. 좀 어떠세요?

Patient Hi Laura. I am doing fine. How are you?
안녕하세요 Laura. 저는 괜찮아요. 선생님은요?

PT I am good. Thank you for asking. I understand you had a below-knee amputation a few days ago. Are you feeling okay after the surgery?

	저도 별일 없어요. 물어봐주셔서 감사해요. 며칠 전에 다리 절단 수술을 하신 것으로 알고 있어요. 수술 이후로 좀 괜찮으세요?
Patient	I expected it to be worse, but it is not too bad.
	더 최악일거라고 생각해서 그런가 지금은 나쁘지 않네요.
PT	That is good to hear. As a physiotherapist, my job is to help you get moving after the surgery.
	다행이에요. 물리치료사로서의 저의 역할은 환자분께서 수술 후에 잘 돌아다니실 수 있게 돕는 것이에요.
Patient	Okay, what would you like me to do?
	네. 제가 뭘 하면 될까요?
PT	For today, I would like to start with something relatively easy. **We will try a wheelchair transfer.**
	오늘은 상대적으로 쉬운 것부터 시작해볼까 해요. 휠체어 트랜스퍼를 환자분과 해보려고요.
Patient	What do you mean by a wheelchair transfer?
	휠체어 트랜스퍼가 무엇이죠?
PT	**I'll basically see how you get in and out of a wheelchair. There are many different ways to transfer. I would like to determine which transfer is the most suitable for you today.**
	쉽게 말해 환자분께서 어떻게 휠체어에 앉으시는지, 또 어떻게 휠체어에서 나오시는지를 본다는 뜻이에요. 트랜스퍼를 하는 데에는 여러가지 방법이 있어요. 환자분께 어떤 트랜스퍼가 가장 적절한지 오늘 알아보려고 합니다.
Patient	I see. That sounds easier than trying to walk.
	알겠습니다. 걷는 것 보다는 쉬울 것 같네요.
PT	Precisely. We can start with learning how to transfer safely and then progress to standing and walking once you

	regain strength.
	정확해요. 우선 트랜스퍼를 안전하게 하는 방법을 먼저 배우고, 환자분께서 근력을 좀 얻게 되시면 서고 걷는 것으로 넘어갈 거예요.
Patient	Okay, that sounds like a good plan. Can you go over the steps?
	네, 맞는 말이네요. 단계별로 알려주실 수 있나요?
PT	Yes. **The first and the most important thing to do is to set up the environment.** I will put this wheelchair facing the bed. **I am putting on the brakes to ensure it does not move away as you attempt your transfers.**
	그럼요. 가장 먼저 할 것이자 가장 중요한 것은 환경을 정돈하는 것이에요. 이 휠체어를 침대를 바라보게 위치시킬게요. 트랜스퍼를 하실 때 휠체어가 움직이지 않도록 브레이크도 잠그고요.
Patient	Okay.
	네.
PT	**The next thing I am going to do is to lift off the armrest of the wheelchair.** If you do not remove the armrest, it can get in your way and make transfers challenging.
	그 다음으로는 휠체어의 팔걸이를 들어올릴 거예요. 만약 이 팔걸이를 치우지 않으면 이게 방해가 되기 때문에 트랜스퍼가 힘들어질 거예요.
Patient	Does it matter which armrest needs to get removed?
	어떤 쪽의 팔걸이를 빼느냐가 문제가 되나요?
PT	That is a great question. You should remove the armrest that is the closest to you. The armrest that is further away is what you use to pull your body towards the wheelchair.
	좋은 질문이에요. 가까이에 있는 팔걸이를 빼셔야 해요. 멀리 있는 팔걸이는 휠체어쪽으로 몸을 움직일 때 사용하실 거니까요.

Patient	I see.	
	그렇군요.	
PT	Now, we are pretty much ready to try transfer at this point. For today, **we are going to try what's called sliding board transfer.** I brought this plastic board with me. You will use this board to move from your bed to the wheelchair. Do you mind coming can you come to the edge of the bed, please?	
	이 정도면 이제 트랜스퍼 할 준비가 거의 다 되었어요. 오늘은 슬라이딩 보드 트랜스퍼를 해볼 거랍니다. 이 플라스틱 보드를 한번 가져와봤어요. 이 보드를 사용해서 침대에서 의자로 이동할 거예요. 우선 침대 가장자리로 오시겠어요?	
Patient	Okay.	
	네.	
PT	Okay. Great work. **Now I am going to place this board under your thigh. Can you lean towards the opposite side?**	
	네. 잘하셨어요. 이제 이 보드를 허벅지 아래에 위치시킬 거예요. 반대쪽으로 기울여 보시겠어요?	
Patient	Okay.	
	네.	
PT	Good. Now you have the board underneath your leg. **Place your hands on top of the board. You lean forward and push through your arms to move along the board to get to the chair.** This board will act as a bridge between the bed and the chair.	
	좋아요. 이제 보드가 허벅지 아래에 있고요. 보드 윗면에 손을 올려보세요. 앞으로 숙이신 상태에서 팔로 누르면서 보드를 따라 의자 쪽으로 이동하세요. 이	

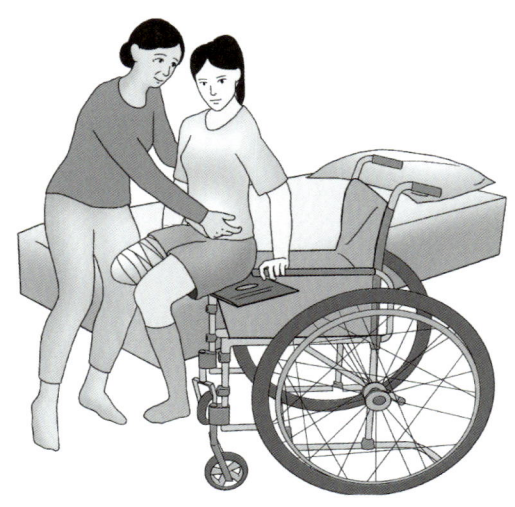

보드는 침대와 의자를 이어주는 다리 역할을 하는 거죠.

Patient That is cool.

멋지네요.

PT It is an easy way to get you to the chair without relying on others to help you. **Make sure that you are clearing your bum while moving along the board.** If you slide your bum across the board rather than offloading them, it can cause burns and sores.

다른 사람들이 도와주는 것에 의지하지 않으면서 의자로 이동할 수 있는 쉬운 방법이랍니다. 꼭 아셔야 할 것은, 보드를 따라 움직이실 때 엉덩이를 완전히 떼셔야 한다는 것이에요. 엉덩이를 완전히 떼지 않고 미끄러지듯이 보드를 따라 이동하시면 찰과상을 입으실 수 있어요.

Patient Ouch. I do not want that.

아이고. 그건 원치 않아요.

PT No, I am glad we are on the same page. Well, that was the sliding board transfer. **Now you are sitting in your**

|||wheelchair. Please lean towardss the opposite side to take the sliding board out.
아니죠. 같은 생각을 하고 있어서 다행이에요. 자 이게 슬라이딩 보드 트랜스퍼였고요. 이제 휠체어에 와서 앉으셨어요. 반대쪽으로 몸을 기울여 슬라이딩 보드를 빼 보세요.

Patient	That was challenging.
	어렵네요.
PT	Yes, it could to be challenging as you haven't done something like this before. With more practice, you will be able to master this to a point where you can do everything from start to finish independently. You will need to practice diligently to get there.
	네, 전에 해보셨던 것이 아니라 어려울 수 있죠. 계속 연습하시면 마스터하셔서 처음부터 끝까지 독립적으로 할 수 있는 경지까지 오르실 수 있을 거예요. 그렇게 되시려면 부지런히 연습하셔야 하고요.
Patient	I will work hard. I promise.
	열심히 할 거예요. 약속해요.
PT	Good. I will come back tomorrow to go over the transfers again. Do you have any other questions before I finish up?
	좋아요. 내일 아침에 다시 와서 트랜스퍼를 다시 해보도록 합시다. 끝내기 전에 다른 질문 있으신가요?
Patient	I do not have any questions at the moment. Thank you.
	지금은 아무 질문이 없어요. 감사합니다.
PT	Sounds good. See you tomorrow.
	좋아요. 내일 뵐게요.

2. Stand pivot transfer
스탠드 피벗 트랜스퍼

PT   Hello. Are you Barbara?
안녕하세요, Barbara 인가요?

Patient   Yes, I am.
네 맞아요.

PT   Nice to meet you, Barbara. My name is Laura, and I am the physiotherapist working on this unit.
만나서 반가워요, Barbara. 저는 이 병동에서 일하는 물리치료사인 Laura라고 해요.

Patient   Hi Laura, what brings you here today?
안녕하세요 Laura, 여기는 어쩐 일이시죠?

PT   The physician has referred you to us because you experienced an episode of weakness.
환자분께서 근력이 약해지셔서 의사선생님께서 물리치료 협진을 요청하셨어요.

Patient   I see. My legs have been getting weaker and weaker. It got to a point where I was unable to walk.
그렇군요. 제 다리가 점점 약해지고 있어요. 제가 걷지 못하는 지점까지 이제 와버렸고요.

PT   I am sorry to hear that. My job as a physiotherapist is to help patients regain strength and mobility while staying in the hospital. We can start with helping you get ot of bed If that's okay with you.
정말 힘드시겠어요. 물리치료사로서 저의 역할은 환자분들이 병원에 계시는 동안 근력과 거동상태를 회복하실 수 있게 도와드리는 거예요. 괜찮으시다면 침대에서 일어나시는 것부터 시작해볼 수 있어요.

Patient	That sounds good, but I don't know where to begin. As I said, my legs are weak. I don't think I can walk. 좋아요. 그렇지만 어디부터 시작해야 할지를 모르겠어요. 말씀드린 것처럼, 다리가 정말 약해요. 걸을 수 있을지 모르겠어요.
PT	I understand. Walking might be too difficult your legs are too weak, **but we can try a stand pivot transfer to the wheelchair.** 그렇죠. 다리가 약하시면 걷는 것은 너무 힘들 수 있어요. 그렇지만 스탠드 피벗 트랜스퍼는 시도해볼 수 있을 것 같아요.
Patient	What does that mean? 그게 무슨 말이에요?
PT	**A stand pivot transfer is a way to move from the bed to the wheelchair by standing up and turning, rather than walking.** You'll stand and turn your body towards the chair, which makes it easier if you don't have the strength to walk. I'll be right here to help you with this. 스탠드 피벗 트랜스퍼는 걷지 않고도 일어나서 몸을 돌림으로써 침대에서 휠체어로 이동하는 방법이에요. 일어서서 몸을 휠체어쪽으로 돌리실건데 걸을 힘이 없으실 때 유용하게 쓰여요.
Patient	Okay. Let's give it a try. I am sick of being stuck in bed. 네. 한번 해보죠. 침대에만 붙어있는 게 정말 지겹거든요.
PT	Great. Could you come to sit at the edge of the bed for me? 좋습니다. 우선 침대 가장자리로 와서 앉아보시겠어요?
Patient	Sure. 그럼요.

PT	How are you feeling? 좀 어떠세요?
Patient	I am doing alright. Although my legs feel as if they are going to give out. 괜찮아요. 다리에서 곧 힘이 빠질 것 같은 느낌이 들긴 하지만요.
PT	I see. The good news is your sitting balance is excellent. I am going to put this wheelchair right next to the bed. I will place this safety belt around your waist. It will give me something to grab onto if you lose your balance. 그러시군요. 좋은 소식은 앉은 균형 능력이 정말 좋으시다는 것이에요. 이 휠체어를 침대 바로 옆에 놓을게요. 이 안전벨트를 환자분의 허리에 두를 거예요. 만약 환자분께서 균형을 잃으셨을 때 제가 잡을 수 있도록이요.
Patient	Okay. 네.
PT	I think we are ready to move on. I am holding on to you from the front to support you. My knees are blocking your knees to prevent them from collapsing. Now, **I'll get you to get up from the bed and swing your hips towards the chair beside you.** It is going to be a quick movement so bear with me. We will do this on the count of three. One, two, three! 이제 넘어갈 준비가 된 것 같아요. 제가 앞에서 환자분을 잡고 있을 거예요. 환자분께서 주저앉지 않으시도록 제 무릎이 환자분 무릎을 막을 거고요. **이제 일어나서 엉덩이를 옆에 있는 휠체어 쪽으로 휙 돌리실 거예요.** 굉장히 빠른 움직임일 테니 잠시만 참으세요. 셋 하면 할게요. 하나, 둘, 셋!

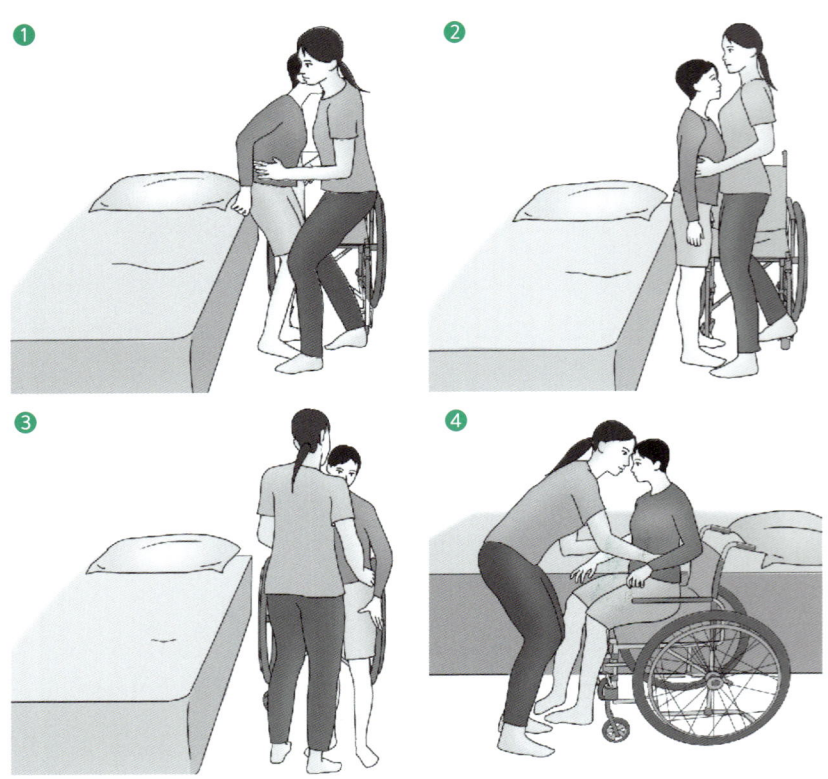

Patient	Okay, that was not too bad. 네, 나쁘지 않았네요.
PT	Yes. I think that went well. How does the chair feel? 네. 잘 진행된 것 같아요. 의자는 편하세요?
Patient	It feels so comfortable. I am glad to be out of bed. My back was so itchy. 의자가 편하네요. 침대 밖으로 나와서 너무 좋아요. 등이 가려웠어요.
PT	That is good to hear. Although you needed some help this

	time, you will be able to do this on your own once you regain strength in your legs and continue to practice this regularly. 다행이에요. 이번에는 환자분께서 도움을 필요로 하셨지만, 어느정도 근력이 생기시고 부지런히 연습하시다보면 혼자 하실 수 있을 거예요.
Patient	That sounds good. 네 좋아요.
PT	Great. Would you like to be up for a few hours? How about until your lunchtime? 좋아요. 한 몇 시간 앉아 계실래요? 최소한 점심시간까지라도요?
Patient	Sure, that sounds lovely. Thank you so much for your help. 그럼요. 좋은 생각이네요. 도와주셔서 정말 감사합니다.
PT	No problem. Is there anything you need before I head out? 별말씀을요. 제가 나가기 전에 뭐 필요하신 것 있으세요?
Patient	No, I think I am good. 아니요. 괜찮아요.
PT	Okay. I will see you tomorrow. 좋아요. 내일 뵐게요.

트랜스퍼를 시도하거나 연습할 때 고려해야 할 사항이 몇가지 있습니다.

먼저 환자의 인지가 좋지 않아 지시를 잘 따르지 못하거나 충동적인 성향을 보이는 경우에는 트랜스퍼를 시도하는 것이 안전하지 않을 수 있음을 알고 있어야 합니다.

또 환자가 지시를 잘 따른다 하더라도 근력이 너무 약해 물리치료사가 트랜스퍼의 대부분을 도와주어야 하는 경우, 물리치료사의 부상 위험이 크므로 안전한 트랜스퍼라고 하기 어렵습니다.

따라서 환자의 인지가 치료사의 지시를 따를 수 있을 만큼 온전하고, 충동적이거나 폭력적이지 않으며, 트랜스퍼에 참여할 수 있을 만한 근력을 가지고 있는 경우에만 트랜스퍼를 시도하는 것이 안전하다고 할 수 있겠어요.

Chapter 4

수술 후 환자와의 대화

unit 1. 운동 처방하기

unit 2. 엉덩관절 치환술 환자
        주의사항 알려주기

unit 3. 등 수술한 환자
        bed mobility 연습하기

unit 4. 심장 수술 후 주의사항 알려주기

unit 5. 흉관 삽입 후 주의사항 알려주기

unit 6. 호흡 운동 알려주기

unit 1 운동 처방하기
How did that exercise feel?

병원에서 일하는 물리치료사의 중요한 역할 중 하나는 정형외과적 수술을 한 환자들에게 올바른 운동을 처방하고 가르쳐 주는 것이에요.

수술 후 통증 때문에 많이 움직이지 않고 침대에만 누워있으면, 근력이 약해지고 심한 경우 혈전증까지 생길 수 있습니다. 반대로 수술 직후에 고강도의 운동을 하게 되면 수술 부위에 무리가 가고 무엇보다 정상적인 회복에 방해가 될 수 있어요.

따라서 적당한 강도의 올바른 운동을 가르쳐주는 것은 환자가 수술 후 잘 회복하여 일상생활로 복귀할 수 있도록 도와주는 데 핵심적인 역할을 합니다.

가장 흔하게 접할 수 있는 엉덩관절치환술(Total Hip Replacement, Total Hip Arthroplasty)을 한 환자에게 운동을 알려주러 같이 가보실까요?

PT   Hi Fred, how are you today?
안녕하세요 Fred, 오늘 좀 어떠세요?

Patient   I am doing okay other than my hip feeling sore.
엉덩이가 좀 아픈 것 빼고는 다 괜찮아요.

PT   Well, that is why I am here. My name is Laura, and I am the physiotherapist working with you today.
자, 그게 제가 여기 온 이유랍니다. 저는 오늘 환자분과 함께할 물리치료사인 Laura예요.

Patient   Hi, Laura.

PT	안녕하세요, Laura. I understand you just had a hip replacement yesterday and **I would like to teach you some exercises to help you regain the movement and strength.** Please let me know if you have any questions or concerns during the session. 환자분께서 어제 엉덩관절치환술을 받으신 걸 알고 있어요. 그래서 움직임과 근력을 되찾는 데 도움이 되는 운동을 몇가지를 알려드리고 싶어요. 진행하는 동안 질문이나 의문사항이 생기시면 저에게 알려주세요.
Patient	Okay, that sounds good. 네, 좋아요.
PT	Alright. **I'll get you to start with ankle pumps.** Can you move your ankles up and down as if you have your foot on the gas pedal? 좋아요. 발목 운동으로 시작해 볼게요. 운전 가속페달을 밟는 것처럼 발목을 위, 아래로 움직여 보시겠어요?
Patient	Like this? (demonstrates.) 이렇게요? (보여준다.)
PT	Yes, that looks great. **How is that?** 네, 잘하시네요. 어떠세요?
Patient	This is easy. 이건 쉽네요.
PT	Good. **It is a great way to maintain your ankle mobility. It also helps with blood circulation. I would like you to perform this ten times every waking hour.** 좋아요. 이 운동은 발목 가동성을 유지하는데 도움이 됩니다. 혈액 순환에도 도움이 되고요. 깨어계시는 동안 이 운동을 한 시간에 열 번씩 하시면

		좋겠어요.
Patient		Okay.
		네.
PT		**Let's move on to the quads-over-roll.** I will put this rolled towel under your knee. Now, I'll get you to push the back of your knee towards the towel to straighten your knee.
		넙다리 네 갈래근 운동으로 넘어가 볼게요. 이렇게 수건을 말아서 환자분 무릎 아래에 둘 거예요. 이제 무릎으로 수건을 누르면서 다리를 쭉 펴보세요.
Patient		Like this?
		이렇게요?
PT		Yes. **How are you doing?**
		네. 어떠세요?
Patient		It is a bit challenging, but I can do this.
		이건 조금 어렵네요, 근데 할 수 있어요.
PT		Good. **This will help with strengthening your quadriceps. I would like you to do this exercise for eight repetitions, three times a day.**
		좋아요. 이 운동은 넙다리근을 강화하는데 도움이 될 거예요. 하루에 3회, 한 회에 여덟 번씩 하시면 좋겠어요.
Patient		Okay.
		알겠습니다.
PT		Now **the last exercise for today is called heel slides.** I will get you to bend your knee by sliding your heel toward your hip. Once you reach a point where you cannot go further, I want you to come back to the starting position by straightening your knee.

Chapter 4 수술 후 환자와의 대화

	이제 마지막 운동은 발꿈치 밀고 당기기예요. 무릎을 굽히면서 발꿈치를 엉덩이 쪽으로 당겨보세요. 더 이상 당기지 못하는 각도에 다다르면 그때 다리를 펴면서 시작 자세로 돌아가시는 거예요.
Patient	Like this? 이렇게요?
PT	Yes. **How is it feeling?** 네. 어떠세요?
Patient	This one is hard. I can barely move my leg. It is so painful. 이건 어려워요. 다리를 거의 못 움직이겠어요. 너무 아파요.
PT	I see. Could you try it again without pushing through a painful range? 알겠어요. 통증이 오는 각도를 넘지는 마시고 다시 한번 해보실 수 있겠어요?
Patient	Oh, that is much better. 오, 이게 낫네요.
PT	That looks great. **It will help you regain movements of your hip and knee. I would like you to perform this exercise for eight repetitions, three times a day.** 좋아보여요. 이 운동은 환자분께서 엉덩관절과 무릎관절의 움직임을 회복하시는 데 도움이 될 거예요. 하루에 세 번, 8번씩 하시면 좋겠어요.
Patient	Okay. 알겠습니다.
PT	Don't worry about memorizing these exercises that I went over today. **I will give you a handout.** 오늘 같이 한 운동들을 외우려고 걱정하시지 않아도 됩니다. 인쇄물을 드릴게요.
Patient	Thank you. 고맙습니다.

PT	I will check in with you again in the afternoon to see how you progress. Please do not hesitate to contact me if you have any questions. **Do you have any other questions before I leave?**
	오후에 환자분이 잘 진행하고 계신지 체크하러 올게요. 질문 있으시면 주저 마시고 저에게 물어보세요. 제가 나가기 전에 질문 있으실까요?
Patient	No, thank you for your time.
	아니요. 시간 내주셔서 감사해요.
PT	Okay, I will see you later.
	좋아요. 나중에 뵈어요.

물리치료사가 중간 중간 환자에게 운동의 강도는 어떤지, 잘 하고 있는지 계속 질문하며 확인하는 것 보셨나요? 해당 운동이 환자에게 어떻게 도움이 되는지, 또 몇 번 반복해야 하는지도 꼼꼼하게 알려주었죠?

운동을 처방할 때는 1) 운동 방법, 2) 운동의 목적, 3) 운동 횟수를 알려주고 환자가 올바르게 운동을 따라하는지, 강도와 통증이 적당한지 확인해야 합니다.

보통 정형외과 병동에는 수술 마다 적합한 운동들이 적혀 있는 운동 책자가 구비되어 있어요. 수술 후 환자들은 운동 하나 하나를 상세히 기억하기 어려운 상태이므로 꼭 운동 책자를 같이 제공하는 것이 좋답니다.

unit 2 — 엉덩관절 치환술 환자 주의사항 알려주기
Are you aware of hip precautions?

대부분의 정형외과적 수술을 한 환자들은 회복하는 과정에서 물리치료를 필요로 합니다.

거동상태에 많은 영향을 주는 엉덩관절, 무릎관절 수술 같은 경우 퇴원 여부가 물리치료사에게 달려 있다고 해도 과언이 아닐 만큼 물리치료사의 개입이 많이 이루어지고요.

이번 시나리오에서는 엉덩관절 치환술을 한 환자에게 물리치료사가 필수적으로 알려주어야 하는 주의사항을 한번 살펴볼게요.

PT   Hi Elaine. My name is Laura, and I am the physiotherapist working here. **I understand you just had hip replacement surgery.** How are you feeling today?

안녕하세요 Elaine. 저는 여기서 일하는 물리치료사인 Laura라고 해요. 어제 엉덩관절 치환술을 받으신 것으로 알고 있어요. 오늘 좀 어떠세요?

Patient   Hi Laura. Nice to meet you. My hip is sore, but it is tolerable so far.

안녕하세요 Laura. 만나서 반가워요. 엉덩이는 아프긴 한데 지금까지는 참을 만해요.

PT   That is good to hear. As you know, we encourage you to start moving around on day one so that you could start to regain all the function and movement as soon as possible.

다행이네요. 환자분께서도 아시다시피, 저희는 수술 다음날 부터 움직이시는 걸 권유드려요. 기능과 움직임을 최대한 빨리 회복하기 위해서죠.

Patient	Yes. I would love to be able to walk again. I do not like being stuck in bed. I am usually an active person. 네. 저도 다시 걷고 싶어요. 침대에만 붙어있는 게 싫어요. 전 평소에 활동적인 사람이거든요.
PT	Great. I like your motivation! Before we get started, **I would like to go over some of the hip precautions you should know after your surgery. These hip precautions are important. Are you aware of these?** 좋아요. 마음가짐이 마음에 듭니다! 시작하기 전에, 수술 후 환자분께서 알고 계셔야 하는 주의사항들을 먼저 살펴보려고 해요. 굉장히 중요한 부분이거든요. 이 주의사항들을 알고 계신가요?
Patient	No, what are they? 아니요. 어떤 것들이죠?
PT	Since you had total hip replacement surgery, you now have a new ball-and-socket joint around your hip. **It is prone to dislocation under the certain extreme positions, and you need to follow these precautions to minimize the chances of dislocation.** 엉덩관절 치환술을 받으셨기 때문에, 이제 엉덩이에 새 절구관절을 가지고 계신 거예요. 새 관절은 특정 자세에서 탈구되기 쉽기 때문에, 탈구 확률을 최소화하기 위해 이 주의사항을 따르는 것이 정말 중요해요.
Patient	Oh. I didn't know about this. What kinds of positions are they? 어머. 모르고 있었네요. 어떤 자세를 말씀하시는 거죠?
PT	The first position we want you to avoid is **bending past 90 degrees at your hips.** Some of the things that we want you to avoid include picking up objects from the floor or

	putting on socks. We also want you to avoid sitting in a low chair as it may cause your hip to be bent more than 90 degrees. 피하셔야 할 첫번째 자세는 90도 이상 허리를 굽히는 것이에요. 바닥에 있는 무언가를 줍는다거나 양말을 신는 것은 피하셔야 해요. 낮은 의자에 앉게 되면 허리를 90도 이상 굽히게 될 수도 있기 때문에 역시 피해주세요.
Patient	I see. 알겠습니다.
PT	The second position we want to avoid is **crossing your leg across the midline.** There are quite lots of patients who cross their legs when getting out of the bed or resting. Please avoid putting your legs in these positions. You could also place a pillow between your legs to prevent them from crossing. 두번째 피하셔야 할 자세는 다리를 꼬는 것이에요. 많은 환자분께서 침대에서 나오실 때나 쉬실 때 다리를 꼬아요. 이 자세는 피해주세요. 베개를 다리 사이에 끼움으로써 다리 꼬는 것을 방지할 수 있어요.
Patient	I see. I like the idea of putting a pillow between the legs. I sometimes sleep on my side. 알겠습니다. 다리 사이에 베개를 끼우는 건 좋은 생각이네요. 가끔 한쪽으로 누워 자거든요.
PT	Yes. The pillow can be helpful if you tend to sleep on your side. The last position that we do not want you to do is **twisting your body.** When walking around corners, make sure you take small steps to turn rather than twisting your hips. 네. 한쪽으로 누워 주무신다면 베개가 도움이 될 거예요. 마지막으로 피하셔야

	할 자세는 몸을 돌리는 것이에요. 걷다가 방향을 바꾸실 때, 몸을 돌리기보다 종종 걸음을 하시면서 방향을 바꾸세요.
Patient	Okay. So could you remind me again for how long I need to avoid these movements? 알겠습니다. 얼마나 오랫동안 이 자세를 피해야 한다고 하셨죠?
PT	**It depends on your surgeon, but we usually avoid these movements for the first three months after the surgery.** 외과의사에 따라 다르긴 한데, 보통 수술 후 3개월간은 피하셔야 해요.
Patient	Okay. Thank you. That is good to know. 네. 고맙습니다. 좋은 정보네요.
PT	No problem. Now that I finished talking about hip precautions. Let's try some exercises. 별말씀을요. 이제 주의사항에 대해서는 마무리했으니, 운동을 좀 해봅시다.

수술 후 주의사항은 수술을 집도한 외과 의사와 구체적인 수술 방법의 차이에 따라 달라질 수 있습니다. 어떤 주의사항을 적용해야 할지 확신이 서지 않는다면 담당 의사를 통해 확인한 후 환자에게 교육하는 것이 좋겠죠?

병동마다 수술 후 지켜야 할 주의사항이 적혀 있는 안내책자가 따로 구비되어 있는 경우도 있으니 그 부분도 확인하면 좋고요.

Physio Tips

인공 관절이 기존 관절을 대체하는 치환술을 그림으로 만나봅시다.

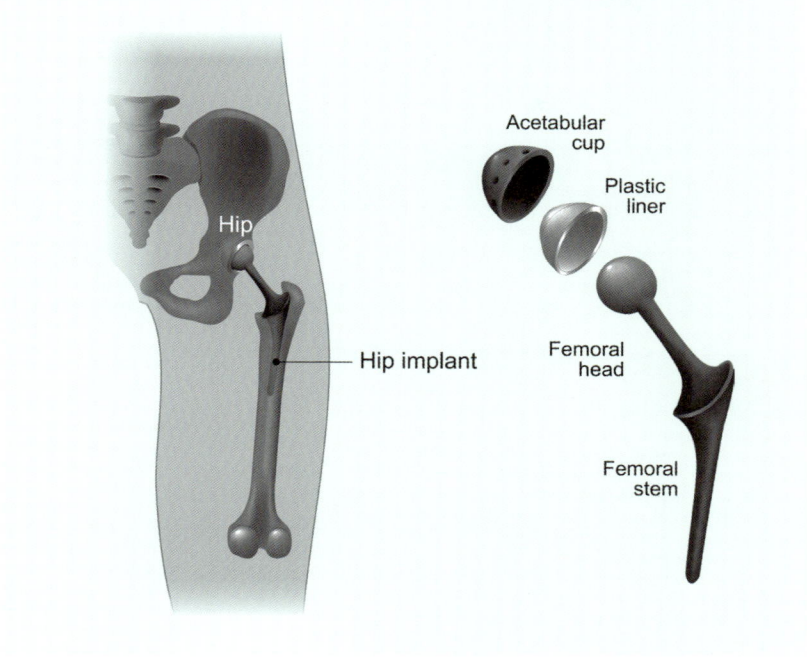

unit 3 등 수술한 환자 bed mobility 연습하기
Do you know how to log roll?

　등 수술 직후에는 과도한 허리 움직임이 극심한 통증을 유발하거나 올바른 회복을 방해할 수 있습니다. 수술 후 올바른 회복을 위해 안전하게 움직이는 방법을 교육해주는 것은 물리치료사의 중요한 역할이죠.

　평소에는 의식하기 어렵지만 침대에서 일어나 앉는 과정 동안 꽤 많은 장력이 허리에 작용하게 됩니다. "통나무 굴리기(log roll)" 방법을 통해 등에 가해지는 장력을 최소화하며 안전하게 침대에서 나와 일어나 앉을 수 있는데요. 아래의 시나리오에서 더 자세히 살펴볼게요.

PT　Good morning, Barbara. My name is Laura, and I am the physiotherapist working on this unit. How are you feeling today?

　안녕하세요 Barbara, 저는 이 병동에서 일하는 물리치료사인 Laura예요. 오늘 좀 어떠세요?

Patient　Good morning, Laura. I am fine other than the pain around my back.

　좋은 아침이에요 Laura. 허리통증 빼고는 괜찮아요.

PT　I understand you had back surgery last night. Your neurosurgeon has asked me to come and help you get moving again.

　어제 등 수술을 하신 것으로 알고 있어요. 신경외과 선생님께서 환자분이 다시 걸을 수 있도록 도와달라고 요청하셔서 이렇게 왔어요.

Patient	That is good news. 좋은 소식이네요.
PT	Yes. Before we get started, here is a booklet that contains all the information about your back surgery. Should you have any questions regarding the information in there, please do not hesitate to ask me. 네. 시작하기 전에, 등 수술과 관련된 정보가 들어있는 책자를 드릴게요. 이 정보와 관련해서 궁금한 것이 있으시면, 주저 말고 물어보세요.
Patient	Okay. Thank you. 그럴게요. 감사합니다.
PT	**Now, before we go for a walk, I would like you to be familiar with how to do a "log-roll" when you try to get in and out of bed.** 본격적으로 걸으러 나가기 전에, 침대에서 나오실 때 어떻게 "통나무 굴리기"를 하는지 익숙해졌으면 해요.
Patient	What is that? 그게 뭐죠?
PT	**Log-rolling is a specific maneuver you need to use when trying to get in and out of bed. I want you to move your trunk and legs together to prevent your spine from bending or twisting.** "통나무 굴리기"는 침대에 들어가거나 나오실 때 사용하셔야 하는 특정 자세예요. 척추가 굽혀지거나 회전되는 것을 막기 위해서, 몸통과 다리를 한꺼번에 움직이셔야 해요.
Patient	I see. 알겠습니다.
PT	**The first step is to put a pillow between your knees and**

	roll to your side. Could you do this for me?
	첫번째 단계는 베개를 다리 사이에 끼우시고 옆으로 돌아 누우시는 거예요. 하실 수 있겠어요?
Patient	Okay. I'm rolling on to my right side.
	네. 오른쪽으로 누울게요.

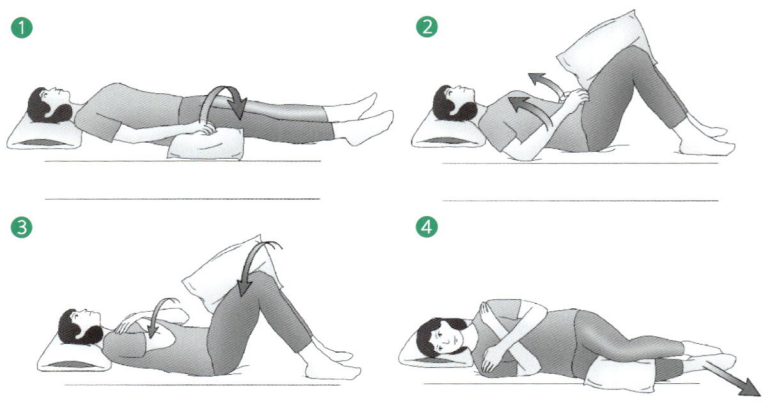

PT	You can use the bed rails to assist you if this is challenging. Once you are lying on your side, **bring your legs down towards the edge of the bed.** Hook your legs under the mattress.
	어려우시면 침대 손잡이를 잡으시고요. 옆으로 누우셨으면 다리를 침대 바깥쪽으로 내리세요. 매트리스 아래로 다리를 걸치는 거예요.
Patient	Okay. I can do that.
	네. 할 수 있어요.

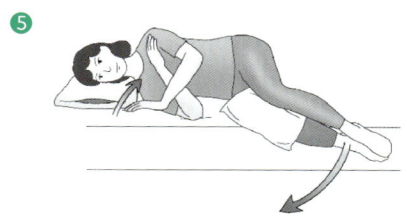

PT	Good job. Are you doing okay so far? 잘 하셨어요. 지금까지 괜찮으세요?
Patient	Yes, I am. Thank you for asking. 네. 물어봐줘서 고마워요.
PT	At this point, **you can use your arms to push against the mattress to sit up.** You can also use your legs to make this process easier. Try it out. 이제는 팔로 매트리스를 밀어서 일어나실 거예요. 다리도 같이 사용하면 더 쉽게 일어나실 수 있고요. 한번 해보세요.
Patient	Okay. Woah. 네. 어머.

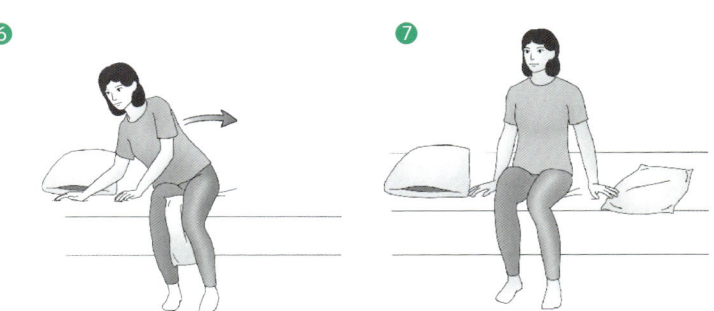

PT	Are you doing okay, Barbara? Barbara, 괜찮으세요?

Patient	I feel like I am going to pass out. 쓰러질 것 같은데요.
PT	Try to sit upright for me. It is normal to feel lightheaded if this is your first time sitting up after surgery. If you feel that it is not getting better, you can go back to bed right away. 바로 앉아보세요. 수술 후 처음 일어나 앉았을 때 어지러운 것은 자연스러운 현상이에요. 만약 어지러운 것이 전혀 나아지지 않으면 바로 누우셔도 돼요.
Patient	I will try to sit upright then. 네. 바로 앉아볼게요.
PT	How are you feeling? 어떠세요?
Patient	I feel like it is passing. It is still there, but it is not getting worse. 나아지고 있는 것 같아요. 아직 어지럽긴 한데 심해지지는 않아요.
PT	Okay, that is good. Let's sit up for a bit to see how it goes. 좋아요. 좀 더 앉아서 어떻게 되는지 지켜봅시다.
Patient	Oh, wait. Do you have a plastic bag? 오, 잠깐만요. 비닐봉지 가지고 계세요?
PT	No, I don't, but I can get one for you. Do you feel like you are about to throw up? 아니요. 그치만 가져다 드릴 수 있어요. 곧 토하실 것 같아요?
Patient	Yes, I do not feel so good. Can I go back to bed? How do I get back to bed? 네. 상태가 안 좋은 것 같아요. 침대로 돌아가도 될까요? 어떻게 다시 눕죠?
PT	Okay. **We will do everything we just did in reverse**

	order. First, **go down on your shoulder, and then lift your legs back to bed.** 침대로 돌아가기 위해서는 방금 하셨던 것을 거꾸로 하시면 돼요. 어깨로 누우신 다음 다리를 올리세요.
Patient	Okay. I will try, but can you help me? 네, 해볼 텐데 도와주시겠어요?
PT	Yes, of course. Let's put your shoulder down and bring your legs up first. Then, we will try to go from your side to your back. Can you do that for me? 그럼요. 먼저 어깨로 누우시고 다리를 올리세요. 그다음에는 다시 등으로 돌아누우세요. 하실 수 있겠어요?
Patient	Okay. 네.
PT	Great. We will go on your back in three. Ready? 셋하면 등으로 돌아 누우실 거예요. 준비되셨나요?
Patient	Sure. 네.
PT	One, two, three. How are you feeling now? 하나, 둘, 셋. 어떠세요?
Patient	I am okay. Could you please raise the head of the bed up for me? 괜찮아요. 침대 머리를 좀 올려주실 수 있나요?
PT	Sure, I can do that. Is that high enough? 그럼요. 해드릴 수 있죠. 충분히 높은가요?
Patient	Yes. Thank you. 네. 감사해요.

PT	I will get you a small plastic bag in case you need it. I will be back later to go over some exercises with you. Would this be okay?
혹시나 필요하실 수도 있으니까 작은 봉지 좀 갖다드릴게요. 그리고 나중에 와서 운동을 좀 가르쳐드릴게요. 괜찮을까요?
Patient	Yes. That sounds good. I am sorry it was a short session. I am feeling too lightheaded and dizzy to do anything at this moment.
네. 좋아요. 조금밖에 못해서 죄송해요. 지금은 너무 어지럽고 머리가 핑핑 돌아서 뭘 할 수가 없네요.
PT	There is no need to be sorry. Your nurse will be here shortly. I hope you feel better soon. I will be back later.
죄송하실 필요 전혀 없어요. 간호사가 금방 올 거예요. 좀 나아지시길 바라요. 나중에 다시 올게요.

위의 시나리오와 사진에서 확인할 수 있듯, 허리에 회전력이 가해지지 않도록 몸통과 다리를 한꺼번에 움직이는 것이 가장 중요한 포인트입니다.

대부분의 사람들은 침대에서 나올 때 몸통과 다리의 움직임을 생각하기 보다 무의식적으로 움직임을 시작하는 경우가 많으므로 수술 후 이 점을 올바르게 교육하는 것이 정말 중요하다 할 수 있겠어요.

그림이나 설명이 적혀있는 안내책자를 같이 제공하면 금상첨화겠죠?

unit 4   심장 수술 후 주의사항 알려주기

Could I go over sternal precautions with you?

    심장 수술을 한 환자의 경우, 수술 후 올바른 회복과 합병증 방지를 위하여 일정 기간에 특정 움직임을 제한하여야 합니다.

    물론 외과의에 따라 세부사항이나 기간은 달라질 수 있겠으나 보편적으로 무거운 것을 들거나 밀고 당기는 움직임은 제한됩니다.

    아래의 시나리오에서 같이 살펴볼게요.

PT   Hi Brenda. My name is Laura, and I am one of the physiotherapists working on this unit. How are you today?
안녕하세요 Brenda. 저는 이 병동에서 일하는 물리치료사 중 한 명인 Laura라고 해요. 좀 어떠신가요?

Patient   I am doing well. Thanks. Are you here to get me up?
괜찮아요. 고맙습니다. 저를 일으키려고 오신 거예요?

PT   That's right. I understand that you had open-heart surgery a week ago. Our goal is to keep you active to enhance your recovery, but first, **I would like to remind you about sternal precautions following your surgery.**
맞습니다. 지난주에 심장수술을 받으신 것으로 알고 있어요. 빠른 회복을 하실 수 있도록 최대한 활동적으로 지내셔야 하는데, 그 전에 심장수술 후 주의사항을 먼저 알려드리려고요.

Patient   Oh, that sounds familiar. I think one of my nurses told me

	about that.

아, 들어본 것 같아요. 간호사 선생님 중 한 분께서 알려주셨던 것 같거든요.

PT It is good to hear that you are already aware of them. Before we get you up, **I will briefly go over sternal precautions again to make sure they are fresh in your mind.**

이미 알고 계시니 정말 잘 되었어요. 그럼 움직이기 전에, 다시 생생하게 기억하실 수 있도록 주의사항을 간결하게 짚어볼게요.

Patient Absolutely.

그럼요.

PT Minor details of sternal precautions could vary, but **the main idea is to be easy on yourself after the surgery. After open-heart surgery, the sternum can take anywhere between 6 to 8 weeks to heal, so we want to alleviate any pressure around the bone itself.** Otherwise, it could complicate or delay your recovery. First, **we do not want you to pull using your arms,** such as pulling the bedrail to sit up.

주의사항의 세부사항은 조금씩 다를 수 있지만, 요점은 수술 후 무리하시면 안 된다는 것이에요. 심장 수술 후 복장뼈가 잘 붙기 위해서는 6주에서 8주정도 소요됩니다. 뼈가 잘 붙을 수 있도록 압력을 가하는 것은 피해야 해요. 그렇지 않으면 회복이 어려워지거나 더뎌질 수 있어요. 우선 팔로 무언가를 당기는 것을 삼가주세요. 예를 들면, 일어나기 위해서 침대 난간을 잡아 당긴다거나 하는 것들이요.

Patient Oh, I forgot about that.

오, 그건 잊고 있었네요.

PT Yes. A great way to ensure that you do not break these

	precautions **is to hug a pillow when you try to get out of bed.** It will prevent you from using your arms throughout the process. 네. 주의사항 잘 지킬 수 있는 방법 중의 하나는 베개를 끌어안은 상태에서 침대에서 나오시는 거예요. 이렇게 하시면 침대에서 나오시는 동안 팔을 사용하는 것을 막을 수 있어요.
Patient	That is a good idea. I will make sure to do that. 좋은 방법이네요. 그렇게 할게요.
PT	**The second one is not to push through your arms.** It usually happens when someone tries to stand up from a chair. We often use our hands to push off the armrest of the chair. We would like you to avoid this while on sternal precautions. 두번째 주의사항은 팔로 무언가를 밀지 않는 거예요. 보통 의자에서 일어날 때 흔하게 일어나는 일이죠. 손으로 의자 팔걸이를 밀면서 일어나게 되거든요. 환자분께서 주의사항을 지켜야 하는 기간 동안은 이렇게 하시면 안 돼요.
Patient	Okay. I see. 네. 알겠습니다.
PT	Again, **this is where hugging a pillow comes in handy.** It won't let you use your arms when trying to stand up. 이때도 마찬가지로 베개를 끌어안는 것이 도움이 될 수 있어요. 일어날 때 팔을 쓰지 않게 되니까요.
Patient	Yes. I will make sure to do it that way. 네. 그렇게 하도록 할게요.
PT	Great. **Another precaution you should remember is not to lift anything heavier than 10 lbs below the waist.** 좋아요. 다음으로 기억하셔야 할 주의사항은 10파운드 이상의 물건을 허리

	높이로 들어올리지 않는 것이에요.
Patient	Okay, so I am guessing I cannot carry heavy grocery bags. 네, 그럼 무거운 장바구니 같은 건 못 들겠네요.
PT	No. You do not want to do that because they are likely to be heavier than 10 lbs. 안 되죠. 무거운 장바구니는 10파운드는 가볍게 넘을 테니까요.
Patient	Okay. What do you suggest I do if I have to lift something then? 알겠습니다. 그럼 만약 무언가를 들어야 할 때 어떻게 하는게 좋을까요?
PT	That is a good question. It is ideal if you have someone nearby who can do the heavy lifting instead. Would that be possible? 좋은 질문입니다. 환자분 대신 물건을 들어줄 사람이 근처에 있는 게 가장 좋긴 해요. 가능할까요?
Patient	I think so. My son is coming to help me out while I recover in my house. I will ask him to do the house chores and the heavy lifting for me. 아마도요. 집에서 회복하는 동안 아들이 와서 도와주기로 했거든요. 집안일이나 무거운 물건 드는 것은 부탁해볼게요.
PT	I think that would be the safest for you. **The last precaution is not to lift anything heavier than 5 lbs above the waist.** 그렇게 하시는 것이 가장 안전할 거예요. 마지막 주의사항은 5파운드 이상의 물건을 허리 높이 위로 들어올리지 않는 것이에요.
Patient	Okay, but I am not sure what I can do if I cannot use my arms.

	네, 근데 팔을 못 쓰면 뭘 할 수 있을지 정말 모르겠네요.
PT	I understand that you may feel helpless if you cannot use your arms, but **we still want you to have an active routine once you return home.** I usually recommend participating in a walking program after open-heart surgery. You can go outside for a brisk walk to work on your cardiovascular health. How does that sound?
	네. 팔을 못쓰시면 무기력하게 느껴질 수도 있으실 거예요. 하지만 퇴원 후에도 활동적인 생활습관을 가지셨으면 좋겠어요. 저는 보통 심장수술 후에는 걷기 운동을 추천드려요. 밖에 나가서 심혈관 건강에 도움이 되는 빨리걷기를 하시는 거죠. 어떠세요?
Patient	I think that is a good idea. I will go out for a walk with my puppy.
	좋은 생각이네요. 강아지랑 같이 걸어야겠어요.
PT	Great. Any other questions before I finish up today?
	좋습니다. 마무리하기 전에 다른 질문 있으신가요?
Patient	No, I think everything is good. Thank you.
	아니요, 다 괜찮은 것 같아요. 감사합니다.

 병동마다 sternal precaution과 관련된 안내책자가 구비되어 있을 것이니, 환자가 주의사항을 정확히 알고 실천할 수 있도록 안내책자를 제공하는 것이 좋습니다.

 또 sternal precaution을 지켜야하는 기간에는 일상생활에 크고 작은 지장이 있고 집안일에 도움이 필요하므로 이러한 도움을 받을 수 있는지도 환자를 통해 확인하는 것이 좋아요.

unit 5 흉관 삽입 후 주의사항 알려주기
Are you aware of your chest tube precautions?

흉강 내의 기체나 액체를 빼내기 위한 장치인 흉관을 삽입하고 있는 환자들은 움직일 때 흉관이 빠지거나 흉관 배액통이 넘어지지 않도록 각별한 주의를 기울여야 합니다.

환자들이 침대에서 움직이거나 나올 때 안전하게 움직일 수 있게 도와주는 것은 물론, 환자 스스로도 이 주의사항을 잘 숙지할 수 있도록 물리치료사가 교육해줄 수 있습니다.

다음의 시나리오에서 살펴볼게요.

PT   Hi, Robert. How are you today?
안녕하세요, Robert. 좀 괜찮으세요?

Patient   I am okay. How are you?
괜찮아요. 선생님은요?

PT   I am doing well. Thank you for asking. I heard from the nursing staff that you have progressed well with your mobility. You are now walking on your own with the walker. Is this correct?
저도요. 물어봐주셔서 감사해요. 간호사 선생님으로부터 환자분이 잘 움직이고 계신다고 들었어요. 이제 워커를 사용해서 걸으신다던데, 맞나요?

Patient   Yes. I feel much steadier on my feet now.
네. 이제 서면 훨씬 안정적인 느낌이에요.

| PT | Awesome. That is such good news. **I am here today to review the chest tube precautions if you do not know them yet.**
훌륭해요. 정말 좋은 소식이네요. 오늘 환자분 가슴에 삽입되어 있는 흉관에 관한 주의사항을 좀 알려드리려고 왔습니다. 아직 주의사항을 모르고 계신다면요. |
|---|---|
| Patient | Okay. I did not know there were precautions.
네. 주의사항이 있는지 몰랐네요. |
| PT | That is okay. It is good to know them sooner than later. **It is important to adhere to these precautions so that we do not complicate your recovery. The chest tube is essential in collecting fluids away from your lungs, and we want to keep it that way as you recover.** Would it be okay for me to review the chest tube precautions with you today?
괜찮아요. 지금이라도 아시면 되죠. 순탄한 회복을 위해서 이 주의사항을 잘 지키는 게 중요해요. 흉관은 폐로부터 액체가 잘 빠져나가게 하는 중요한 역할을 하는데요. 회복과정에서 흉관을 그대로 잘 유지해야 해요. 오늘 이 주의사항에 대해 말씀을 드려도 괜찮을까요? |
| Patient | Yes, please go ahead.
그럼요, 말씀해주세요. |
| PT | Okay great. First, **we want you to protect the chest tube and the drainage chamber.** Be careful not to knock down the drainage chamber at all times.
좋습니다. 먼저, 흉관과 흉관 배액통을 잘 보호하는 것이 중요해요. 배액통이 넘어지지 않도록 항상 주의해주세요. |
| Patient | Okay, got it. |

PT	네, 알겠습니다. For the second one, I want you to **make sure the chamber stays below the chests level**. If you want to go for a walk, you can hook the chamber to the walker. It allows you to be mobile and still adhere to the precautions. Does that make sense? 다음으로는, 배액통을 가슴 아래에 위치하게 하셔야 해요. 잠깐 산책하러 가고 싶으시면 배액통을 워커에 잘 걸어주시면 돼요. 이렇게 하시면 자유로이 움직일 수 있는 동시에 주의사항을 잘 지킬 수도 있어요. 이해되시나요?
Patient	Great. That makes sense. 네. 이해돼요.
PT	Okay. We would like you to know a few things about the chest tube itself. **We do not want to clamp the chest tube. We do not want to pull or kink the tube either. We also do not want to directly roll on the tube when you are trying to get out of bed.** 좋아요. 흉관에 대해서도 환자분께서 몇가지 알아두시면 좋을 것 같아요. 흉관을 집으시면 안 돼요. 당기거나 구부리셔도 안 되고요. 또 침대에서 나오실 때 흉관이 있는 쪽으로 돌아누우셔도 안 됩니다.
Patient	That is a lot to remember. I am not sure if I will remember all of them. 기억해야 할 것이 정말 많네요. 다 기억할 수 있을지 모르겠어요.
PT	Yes. I understand this can be a lot of information. **To keep it simple, make sure that you keep the chest tube and the drainage chamber well protected when moving around.** Anything that can cause damage or disconnect the tube from you will not be good.

	네. 너무 많은 정보라는 것을 알고 있어요. 간단히 말해서, 움직이실 때 흉관과 배액통이 온전하게 보호되게 신경써주시면 돼요. 흉관에 손상이 가거나 빠지면 절대 안 됩니다.
Patient	I see. That is much simpler and easier to remember. 네. 훨씬 간단하고 기억하기 쉽네요.
PT	Yes. These pretty much sum up the chest tube precautions. Do you have any questions regarding these? 네. 요점은 이게 다예요. 관련해서 질문 있으실까요?
Patient	No. I think I had a little bit of difficulty understanding initially, but it all sounds good now. I think you made it clear and concise for me. Thank you. 아니요. 처음에는 이해하기가 어려웠는데 지금은 다 이해했어요. 선생님이 알아듣기 쉽고 간단하게 설명해주셨어요. 감사합니다.
PT	No worries. You have been through quite a ride in the hospital. I am glad to see that you are recovering well. We want you to keep being well. 아닙니다. 병원에서 그동안 고되셨을 거예요. 잘 회복하고 계셔서 정말 다행입니다. 계속 잘 회복하셔야 해요.
Patient	Thank you. That means a lot. 정말 감사합니다.

　만약 흉관 배액통에 석션 유닛이 연결되어 있다면 환자의 활동 반경이 제한됩니다.

　석션 유닛은 절대 임의로 제거하면 안 되니, 다루기 전에 담당 간호사와 상의하는 것이 좋습니다.

unit 6 호흡 운동 알려주기

Could I go over deep breathing and coughing exercises with you?

수술 후 물리치료사가 자주 처방하는 운동 중 하나는 호흡 운동입니다. 환자들이 침대에 누워있는 기간이 길어지면, 근력이 약해질 뿐만 아니라 폐의 기능 또한 떨어질 수 있기 때문이에요.

폐의 기능을 잘 유지할 수 있도록 물리치료사가 처방하는 호흡 운동, 같이 살펴보실까요?

PT   Hi Fred. My name is Laura, and I am the physiotherapist working on this unit. I understand you just had surgery. How are you feeling?

안녕하세요, Fred. 저는 이 병동에서 일하는 물리치료사인 Laura예요. 막 수술하신 것으로 알고 있어요. 좀 어떠세요?

Patient   Hi Laura. I feel a bit sore, but I am doing okay other than that. Thanks for asking.

안녕하세요 Laura. 조금 아프긴 한데 그것 말고는 괜찮아요. 물어봐줘서 고마워요.

PT   It is good to hear you are doing well. I was hoping to give you some breathing exercises today.

잘하고 계신 것 같아 다행이에요. 오늘 환자분께 호흡운동을 좀 알려드리려고 해요.

Patient   Why would I need breating exercises?

제가 호흡운동이 왜 필요하죠?

PT	That is a good question. **The purpose of learning different breathing exercises is to go over some of the techniques and management strategies you can use to help your lungs take in as much oxygen as possible.** We've noticed that your body's ability to take in oxygen has decreased since the surgery, and this is why you have the nasal prongs to help you get more oxygen in your body.
좋은 질문입니다. 폐가 공기를 최대한 많이 받아들일 수 있도록 숨쉬는 방법과 관리 방법을 배우는 것이 호흡 운동의 목적이에요. 저희가 환자분의 신체가 수술 후에 산소를 받아들이는 능력이 떨어진 것을 발견했거든요. 코에 산소줄을 하고 계신 이유도 산소를 더 받아들일 수 있게 하기 위해서예요.
Patient	Oh, I didn't know about that. I guess that is why I have this plastic tube in my nose.
아, 몰랐네요. 이 플라스틱 튜브를 코에 하고 있는 이유가 그것 때문이군요.
PT	Yes, that tube provides you with supplemental oxygen so that your body can absorb more oxygen. After surgery, you might tend to breathe shallowly. It is usually because of the effects of general anesthesia, pain around the surgical site, or immobility, meaning not moving. **If we do not use our lungs to maximize our intake of air, then we could develop secondary complications such as pneumonia.**
네. 튜브를 통해서 신체가 더 많은 산소를 공급받고 받아들이는 것이죠. 수술 후에 환자분께서 숨을 얕게 쉬는 경향이 생길 수 있어요. 보통 마취의 영향이기도 하고, 수술 부위의 통증 때문이기도 하고 혹은 부동, 즉 오랫동안 움직이지 않으셔서기도 해요. 만약 폐로 공기를 최대한 받아들이지 않으면,

	폐렴 같은 이차 합병증에 걸릴 수도 있어요.
Patient	That does not sound good. 좋지 않네요.
PT	No, it is not good. We need to learn how to take as much air into your lungs to wean off the nasal prongs, so **I would like to go over some deep breathing and coughing exercises. These exercises will help you maximize your lung expansion, get air into areas that are more challenging to access, and get rid of any secretions in your lungs.** Overall, these exercises can minimize the risk of developing pneumonia, and they could help prevent lung collapse such as atelectasis. 좋지 않죠. 코 산소줄을 중단하기 위해서는 폐가 공기를 최대한 받아들일 수 있도록 연습을 해야 해요. 그래서 오늘 심호흡 운동과 기침 운동을 알려드릴 거예요. 이 운동들을 통해서 폐를 확장해서 산소가 도달하기 힘든 곳까지 산소를 공급하고, 폐에 머물고 있는 분비물을 빼낼거에요. 다시 말해, 이 운동을 통해서 폐렴이 걸릴 확률을 낮추고 무기폐같이 폐가 쪼그라드는 것을 방지하는 거죠.
Patient	Okay. I guess breathing exercises are important then. Could you please teach me? 네. 숨쉬는 운동이 중요한 모양이네요. 알려주시겠어요?
PT	Yes. I'll get you to sit up nice and tall. **Then place one hand on your chest and the other around your belly.** 네. 우선 똑바로 앉으세요. 그런 다음에 한 손은 가슴 위에 올려두시고 다른 한 손은 배에 올려두세요.
Patient	Like this? 이렇게요?

PT	Yes. **Now, try to breathe in slowly through your nose for 5 seconds. Try to inflate your lungs close to the abdomen area.** We want to avoid expading only the chest area. We do not want you to be an "apical breather" meaning breathing on just the top portion of your lungs. Try to focus on your breathing in all areas of the lungs.
	네. 이제 코로 5초간 천천히 숨을 들이마시세요. 배까지 부풀리는 복식호흡을 해보세요. 가슴만 부풀리는 흉식 호흡은 지양하세요. 폐의 위쪽 일부만을 사용하여 호흡하는 "apical breather"이 되시면 안됩니다. 폐의 모든 부분을 통해 호흡하는 데 집중하세요.
Patient	Okay. I will try it out.
	네. 한번 해볼게요.
PT	Good. **I'll get you to hold it for a few seconds and then blow the air out slowly through pursed lips as if you are blowing out birthday candles.**
	좋아요. 몇 초 기다리셨다가 그다음에 천천히 숨을 내뱉을 건데, 촛불을 부는 것처럼 입을 동그랗게 말아서 숨을 내뱉으세요.
Patient	Like this?
	이렇게요?
PT	Yes. The only adjustment I would like you to make is to prolong your exhalation. Could you try one more time for me, please?
	맞아요. 딱 하나 고쳐드리고 싶은 부분은, 숨을 내뱉으실 때 최대한 길게 내뱉으시라는 거예요. 한번 더 해보시겠어요?
Patient	Okay.
	네.

PT	That was much better. Some patients find the need to cough out phlegm after doing these exercises. You can spit it out on a tissue if you feel this way. However, if you find it challenging to get rid of them, I can go over how to cough to make that happen. First, we want you to hold your breath like you were doing with the deep breathing exercise. Lean forward, and contract your abdominal muscles, then make a forceful cough. Could you try this out for me, please? 훨씬 낫네요. 몇몇 환자분께서는 이 운동을 하고 나시면 가래가 나올 것 처럼 느끼세요. 만약 그렇게 느껴지면, 티슈에다 뱉어내세요. 만약 가래가 잘 안 나오면 기침해서 나오게 할 수 있는 방법을 알려드릴게요. 우선 심호흡 운동하실 때처럼 숨을 들이마신 후 조금 참으시고요, 앞으로 기울이신 후 복근을 사용해 강하게 기침해보세요. 해보실 수 있겠어요?
Patient	Sure. Let me give it a try. I will try the deep breathing exercises as you told me to, then I will use my belly muscles to cough it out like this. (coughs.) 네. 한번 해볼게요. 말씀하신 것 처럼 심호흡을 하고 복근을 사용해서 기침할게요. (기침한다.)
PT	That was good. **Try this breathing exercise ten times every waking hour. However, if this exercise causes you pain around your surgical site, we want you to discontinue it right away.** Take a break and continue if they are not causing you any pain. 잘 하셨어요. 심호흡 운동은 깨어 계시는 매시간 열 번씩 하세요. 만약 수술 부위가 아프면 바로 멈추시고요. 조금 쉬셨다가 통증이 사라지면 다시 시작하세요.
Patient	Sounds good.

좋아요.

PT We want you to take your time when doing these exercises as they may cause you to feel lightheaded if you do them a lot in a short period. Please take your time to do these exercises with quality techniques and monitor your symptoms closely. Take breaks as necessary. Please let me know if you have any questions regarding these exercises I went over with you today.

호흡을 단시간에 너무 많이 하시면 어지러울 수 있으니 여유를 가지고 천천히 하세요. 올바른 방법으로 천천히 운동하면서 증상을 면밀히 관찰하시길 바라요. 필요하시면 중간에 쉬시고요. 오늘 같이 해본 운동에 대해서 질문 있으시면 언제든 알려주세요.

Patient I can do that. Thank you very much for your help.

그렇게 할게요. 도와주셔서 감사합니다.

PT No problem. I will check in tomorrow. Goodbye.

별말씀을요. 내일 다시 올게요. 쉬세요.

　호흡 운동 같은 경우는, 단순히 호흡하는 방법만을 알려주는것이 아니라 이 운동들이 환자에게 어떻게 도움이 되는지 상세하게 알려주는 것이 중요합니다. 환자의 이해도와 참여도를 같이 높이기 위해서죠.

　환자가 올바른 방법으로 호흡을 시행하는지 꼼꼼히 확인하는 것도 중요하고요.

　운동을 얼마나 자주 해야하는지, 언제 중단해야 하는지 알려주는 것도 잊지마세요!

Chapter 5

다양한 상황에 대처하기

unit 1. 걷기 싫어하는 환자 설득하기

unit 2. 소변/대변 실수했을 때

unit 3. 활력 징후가 불안정한 환자 대처하기

unit 4. 동료에게 도움 요청하기

unit 1 걷기 싫어하는 환자 설득하기
Could we discuss why it's important to stay active?

　재원 기간에 근력이 약화되거나 원래의 거동상태를 잃는 것을 방지하기 위해 입원 병동 물리치료사들은 환자들이 안전하게 걷기 연습을 할 수 있도록 도와주는 역할을 합니다.

　걷기 연습을 진행하기 위해서는 환자의 동의를 필수로 얻어야 하는데요, 환자가 거부한다면 치료사는 임의로 걷기 연습을 진행할 수는 없습니다(동의 구하기는 15p를 참고하세요). 그런데 만약 환자가 특별한 이유 없이 걷기 연습이나 치료에 동의하지 않는 경우, 이 치료가 환자에게 어떻게 도움이 되는지 다시 한번 강조해보는 편이 좋아요. 만약 그럼에도 불구하고 환자가 거부한다면 물론 치료를 진행할 수는 없겠죠.

　아래의 시나리오에서 같이 살펴봅시다.

PT　Hi Fred. My name is Laura, and I am the physiotherapist working on this unit. How are you?
　안녕하세요, Fred. 저는 이 병동에서 일하는 물리치료사인 Laura라고 해요. 어떻게 지내세요?

Patient　I feel sick and tired of this place.
　여기가 너무 싫고 지겨워요.

PT　Oh I'm sorry, but I think I might help you with that. **I was going to get you up and moving.**
　마음이 안 좋으시죠. 근데 제가 도와드릴 수 있을 것 같아요. 환자분이랑 같이

	걸을까 했거든요.
Patient	I don't want to go for a walk.
	걸으러 나가기 싫어요.
PT	**May I ask why?**
	실례지만 왜인지 여쭤봐도 될까요?
Patient	I don't feel like it.
	그냥 하기 싫어요.
PT	I understand. **Could we discuss why it's important to stay active?**
	이해해요. 움직이는 게 왜 중요한지 이야기 나눠봐도 될까요?
Patient	Go ahead.
	해보세요.
PT	**It is important to be active while staying in the hospital because you might get sicker if they stay inactive. Being inactive can increase the risk of developing secondary complications such as pneumonia.**
	병원에 있는 동안 활동적으로 지내는 것이 중요한 이유는 환자분께서 움직이지 않으시면 더 아파질 수 있기 때문이에요. 활동하지 않고 누워만 있는 것은 폐렴 같은 이차합병증을 야기할 수 있어요.
Patient	That sounds convincing. I had pneumonia before.
	그럴듯하네요. 제가 지난번에 폐렴에 걸렸었거든요.
PT	Also, even though you are medically doing well, you cannot go home if you are not moving well. **If that's the case, you might have to stay here longer which I don't believe what you want to hear.**
	또 의학적으로는 안정되셨다 하더라도 잘 움직이지 못한다면 퇴원하실 수가 없어요. 만약 그렇다면 병원에 오래 계셔야 할 텐데 그걸 바라시지는 않으실

	것 같아요.
Patient	What? You've got to be kidding me. I need to get working then.
	네? 농담하시는거죠? 얼른 해야겠네요 그럼.
PT	Sounds good. **That's what I'm here for.**
	좋아요. 제가 잘 왔네요.
Patient	Sure. Could you grab me a walker?
	좋아요. 워커 좀 갖다주실 수 있어요?
PT	I can do that. I will be right back.
	갖다드릴 수 있죠. 금방 돌아올게요.
Patient	Thank you.
	감사합니다.
PT	You are welcome.
	천만에요.

병원에 입원한 대부분의 환자들은 질병에 대한 각종 수술, 검사, 치료 등으로 평소보다 기력이 많이 저하되어 있거나 통증이 심한 경우가 많습니다. 그에 따라 침상에서 보내는 시간이 늘어나게 되면 재원 기간에 신체 활동이 급격히 줄어들어 거동상태가 악화되는 경우가 대부분이고요.

환자들의 거동상태가 악화되는 것을 방지하고 원래의 거동상태로 회복시켜, 집으로 잘 돌아갈 수 있도록 돕는 것이 병원에서 일하는 물리치료사의 중요한 역할 중 하나라고 할 수 있겠어요.

unit 2   소변/대변 실수했을 때
Did you have an accident in your brief?

환자를 평가하거나 혹은 운동을 알려주러 갔는데 환자가 동의를 했음에도 불구하고 진행할 수 없는 상황이 가끔 있죠.

생리적인 현상으로 물리치료를 진행할 수 없는 경우, 당황하지 말고 간호팀에 알려주면 됩니다.

아래의 시나리오처럼요!

PT Hello Elaine, my name is Laura. I am the physiotherapist that is going to be working with you. How are you today?
안녕하세요 Elaine, 저는 오늘 같이 일하게 될 물리치료사인 Laura예요. 어떻게 지내고 계세요?

Patient I am good. How are you?
잘 지내고 있어요. 선생님은요?

PT I am doing okay. I was going to get you up and walking.
저도 좋아요. 환자분과 같이 걸을까 해서 왔어요.

Patient Okay. That sounds good.
네. 좋아요.

PT Awesome. Could you sit up for me?
좋아요. 일어나 앉으실 수 있겠어요?

Patient Of course.
물론이죠.

PT Great job. Oh, hold on. One moment, please. **You might**

	have had an accident.

잘하셨어요. 어머, 기다려보세요. 잠깐만요. 실례를 하신 것 같네요.

Patient	I beg your pardon?

뭐라고요?

PT	**I think I need to call your nurse to get your brief changed as it seems you had an accident.**

아무래도 실례를 하신 것 같아 제 생각에는 간호사 선생님을 불러서 기저귀를 바꿔야 할 것 같아요.

Patient	Oh, I am so embarrassed. I am sorry.

아, 너무 부끄럽네요. 죄송해요.

PT	No worries. This kind of thing happens sometimes. Let me ring the bell to alert the nursing staff. Your nurse should come in shortly to assist you. I will be back once you are ready to go.

전혀 걱정마세요. 자주 일어나는 일인걸요. 벨을 눌러서 간호팀에게 알릴게요. 선생님이 곧 오셔서 도와주실 거예요. 다 준비 되시면 그때 돌아올게요.

Patient	Thank you. I am sorry to waste your time.

감사합니다. 선생님 시간을 낭비하게 해서 죄송해요.

PT	Not a problem at all. See you later.

전혀 아니에요. 조금 이따 뵈어요.

당황해하는 환자를 차분하게 진정시키고, 간호팀을 부르면 상황 종료입니다. 이런 상황이 생겨도 잘 대처하실 수 있겠죠?

unit 3 활력 징후가 불안정한 환자 대처하기
Are you feeling okay?

물리치료 평가나 치료 도중 환자의 활력 징후가 불안정하거나 환자가 이상 반응을 보인다면 어떻게 대처해야 할까요?

아래의 시나리오에서 살펴봅시다.

PT   Hello Fred, how are you today?
안녕하세요, Fred. 오늘 좀 어떠세요?

Patient   Not too bad. How are you?
괜찮아요. 선생님은요?

PT   I am great. Thank you for asking. My name is Laura, and I am the physiotherapist working on this unit. I'm hoping to get you up and walking.
좋습니다. 물어봐주셔서 감사해요. 저는 이 병동에서 일하는 물리치료사인 Laura라고 해요. 환자분을 일어나고 움직이게 해드리기 위해 왔어요.

Patient   That sounds good. Let's do it.
좋아요. 합시다.

PT   I like your enthusiasm. First things first, I'll get you to come sit up at the side of the bed.
열정 좋네요. 우선, 침대 가장자리로 와서 앉아 볼게요.

Patient   Okay. I can do that. Whoa.
네. 할 수 있죠. 아이고.

PT   Are you okay?
괜찮으세요?

Patient	I think so. **I am a little lightheaded, but I think I can handle it.**
	그런 것 같아요. 어지럽긴 한데 참을 수 있을 것 같아요.
PT	Okay, then. We can try to stand up if you feel that you can handle it.
	네. 참으실 수 있으면 한번 일어나볼까요?
Patient	Okay. Let's give it a shot.
	네. 한번 해보죠
PT	You are standing up now. Are you still feeling lightheaded?
	이제 서 계세요. 아직도 어지러우세요?
Patient	Yes. **I think it is getting worse. I feel like I am going to pass out.**
	네. 제 생각엔 점점 심해지는 것 같아요. 기절할 것 같아요.
PT	Okay. Let's get you to sit back down.
	알겠어요. 일단 다시 앉아보실게요.
Patient	Oh, I think I overdid it. **I am not feeling good.**
	오, 제 생각엔 무리한 것 같아요. 느낌이 좋지 않아요.
PT	Let me quickly check your vitals to make sure you are okay.
	괜찮으신지 확인하기 위해 얼른 활력 징후를 확인해볼게요.
Patient	Okay, sure.
	네 그럼요.
PT	Alright, both your blood pressure and heart rate are low. I think you should lie down. Let me help you out.
	자, 혈압과 심박수가 모두 낮네요. 누우셔야 할 것 같아요. 제가 도와드릴게요.
Patient	Oh, **I'm feeling terrible.**

	오, 상태가 정말 좋지 않아요.
PT	Let me grab your nurse right away. (going out to the hallway.)
	얼른 간호사 선생님을 모셔올게요. (복도로 나간다.)
Nurse	Hey Laura, is everything okay? What is going on?
	Laura, 괜찮아요? 무슨 일 있어요?
PT	Hi Holly, I think I might need your help. I was getting Fred up, and he started to feel unwell. He has been feeling lightheaded and **almost fainted**.
	안녕하세요 Holly, 도움이 좀 필요해서요. Fred를 일어나게 하려고 했는데 상태가 안 좋아지기 시작하셔서요. 어지러움을 호소하시고 거의 기절하셨어요.
Nurse	That is not good. Is he doing okay now?
	좋지 않은 상황이네요. 지금은 괜찮으세요?
PT	I just took his vitals and he is hypotensive and bradycardic. Do you mind checking on him?
	방금 활력 징후를 측정했는데 저혈압에 서맥이에요. 환자분 확인 좀 해주실래요?
Nurse	Not at all. I'm coming.
	그럼요. 지금 가요.
PT	Hi Fred, I brought your nurse with me. Are you still feeling lightheaded?
	Fred, 간호사 선생님을 모셔왔어요. 아직도 어지러우세요?
Patient	Yes. **I think I am going to faint.**
	네. 저 기절할 것 같아요.
Nurse	Hi Fred, I am your nurse Holly. Let me quickly check your vital signs. Oh, your blood pressure is very low. Hey Laura,

	do you mind staying with Fred for a bit? I will go let the doctor know right away.
	안녕하세요, Fred. 담당 간호사 Holly입니다. 활력 징후를 얼른 체크해볼게요. 어머, 혈압이 정말 낮네요. Laura, Fred랑 잠깐만 같이 있어줄래요? 가서 의사선생님한테 좀 알릴게요.
PT	Yes, for sure.
	네, 그럼요.
Nurse	Okay, thank you. I will be right back. Hang on, Fred.
	네 고마워요. 바로 올게요. 잠시만 기다리세요 Fred.

물리치료 평가나 치료를 진행하면서 환자의 활력 징후가 불안정할 때는 즉시 치료를 중단하고 환자를 안전하게 위치시킨 후 간호팀에 알려야 합니다.

측정한 활력징후를 의무기록에 남기는 것도 잊지 마시고요.

unit 4   동료에게 도움 요청하기
Could you help me out?

환자를 돌보는 과정에서 간혹 어려운 케이스를 접하게 될 때가 있습니다. 필요하다면 나보다 경험이 많은 시니어 물리치료사의 도움을 받아 같이 환자를 평가하거나 치료하는 경우도 있겠죠? 물론 이 과정에서 환자의 동의를 얻는 것은 필수이고요.

환자의 동의를 구했다는 가정하에, 동료 물리치료사에게 도움을 요청하는 아래의 시나리오를 같이 살펴봅시다.

PT 1   Hi Krista, do you have a moment?

안녕하세요 Krista, 잠깐 시간 있어요?

PT 2   Hi, Laura. Yes, I have time. What is going on?

안녕하세요 Laura. 그럼요, 시간 있죠. 무슨 일이에요?

PT 1   Well, I have a patient on our ward who came in with dizziness. I got a consult to do a vestibular assessment and treatment for him. The thing is, I am clueless and I do not know what I am supposed to do. **I was hoping you could help me out if you have some time.**

우리 병동에 어지럼증으로 입원하신 분이 계세요. 전정계 평가를 하고 치료하라는 요청을 받았고요. 문제는 제가 아는 게 없고 뭘 해야 할지 모르겠다는 거예요. 선생님께서 시간 있으시면 오늘 도와주시면 너무 좋을 것 같더라고요.

PT 2   I see. I have some free time between 2 to 3 pm today if

| | that works for you.
그랬군요. 오후 2시에서 3시 사이에 시간이 있어요. 선생님이 이 시간이 괜찮다면요. |
|---|---|
| PT 1 | Yes. Any time works for me. Thank you so much.
네. 아무때나 좋아요. 너무 감사합니다. |
| PT 2 | Not a problem. **Do you want to tag along, or is your caseload too busy?**
전혀요. 저랑 같이 가서 환자를 보실래요 아니면 오늘 바쁘세요? |
| PT 1 | I would love to see him with you. It has been a busy day but manageable.
같이 가서 보고싶어요. 바쁘긴 한데 할 만해요. |
| PT 2 | I will meet you at the nursing station on your floor around 2 pm.
그럼 2시에 간호사 사무실에서 만날게요. |
| PT 1 | Sounds great. See you then.
좋아요. 그때 뵐게요. |

Chapter 6

환자의 퇴원 계획 세우기

unit 1. 퇴원 평가

unit 2. 병동 팀 미팅 참여하기

unit 3. 의사와 퇴원 계획에 대해 상의하기

unit 4. 환자 가족과의 미팅

unit 1   퇴원 평가
How do you feel about going home?

퇴원 평가는 환자가 퇴원하기 전 물리치료사로서 더 챙겨야 할 부분은 없는지 마지막으로 환자를 보고 점검하는 과정이에요.

환자가 퇴원을 앞두고 우려하는 것은 없는지, 거동이 불편하지는 않은지 등 물리치료사가 환자의 안전을 다시 한번 확인할 수 있는 단계이죠.

짧다면 짧고 길다면 긴 입원 생활을 끝내고 퇴원을 앞두고 있는 환자를 같이 만나러 가보실까요?

PT   Good morning, Simon. It's Laura. **I heard you are going home today.**
좋은 아침이에요 Simon. 저 Laura예요. 오늘 집에 가신다고 들었어요.

Patient   Yes, I am.
네, 맞아요.

PT   **That is such great news! How do you feel about that?**
정말 잘됐네요! 기분이 어떠세요?

Patient   I am excited but also feeling a bit nervous about it.
기대되는 동시에 좀 긴장이 되네요.

PT   I hear you, but you have been doing so well here. I think you have been recovering well enough to go home, and hopefully, it is a smooth transition home.
알아요, 그렇지만 여기서 그동안 너무 잘하셨어요. 집에 갈 수 있을 만큼 많이 나아지셨으니 아무쪼록 순탄한 퇴원이 되길 바라요.

Patient	Yes, I hope so too. 그랬으면 좋겠어요.
PT	**You have been working very hard, and I would like you to continue being active once you get home.** It would be unfortunate if you lose all the gains you have made while staying here. 여기서 정말 열심히 노력하셨기 때문에 집에 가서도 계속 활동적으로 지내셨으면 좋겠어요. 여기서 얻으신 것들을 잃어버리시면 너무 안타까우니까요.
Patient	I agree. Is there an exercise program that I could do at home to maintain my strength? 동의해요. 집에서 근력을 유지하기 위해 할 수 있는 운동 프로그램이 있을까요?
PT	Yes. I actually came here to give you a handout for some exercises that I thought you would benefit from. 네. 사실 환자분께 도움이 될 만한 운동들이 있는 자료를 드리려고 왔어요.
Patient	Perfect. 좋아요.
PT	There are many different exercises in this handout as you could see. I would like you to start with the lowest intensity exercises and gradually progress to harder ones. 보시다시피 아주 다양한 운동들이 적혀있어요. 저강도 운동부터 시작하시고 점진적으로 고강도 운동으로 진행해 나가시길 바라요.
Patient	That sounds great. 좋아요.
PT	**If you have any questions regarding these exercises, please let me know before you go home today.**

Otherwise, I wish you the best of luck returning home.
운동과 관련해서 질문이 있으시면 오늘 퇴원 전에 저한테 알려주세요. 만약 없으시면, 집으로 돌아가시는 길에 행운이 가득하시길 바랄게요.

Patient　Thank you. I appreciate it. Take care.
알겠습니다. 감사해요. 잘 지내세요.

　만약 퇴원 평가에서 환자의 거동상태가 아직 좋지 않거나 기능적인 측면에서 퇴원하기에 안전하지 않다고 판단되는 경우, 물리치료사는 이 사실을 담당 의사와 간호사에게 알려야 합니다.
　가장 중요한 것은 언제나 환자의 안전이라는 것, 명심하세요!

unit 2 병동 팀 미팅 참여하기
Are there any discharge barriers for this patient?

캐나다 병원에는 하루에 한 번씩 모든 의료진들이 한자리에 모여 병동에 있는 환자들의 치료 계획에 대해 이야기를 나누는 팀 미팅이 있습니다.

이 팀 미팅을 간단히 Rounds라고 부르는데 병원마다 structured bedside rounds 혹은 structured team report 등 각기 다른 명칭으로 불려요.

Rounds에 주로 참여하는 의료진은 charge nurse(수간호사), nurse(간호사), physiotherapist(물리치료사), occupational therapist(작업치료사), social worker(사회복지사), liaison(퇴원 전담 간호사) 입니다. 이 이외에도 hospitalist(의사), dietician(임상영양사), pharmacist(약사) 등이 필요에 따라 참여하기도 해요.

병원에서 환자를 돌보는 것은 팀 워크이기 때문에, 의료진들이 모여 서로의 의견을 공유하는 것은 환자 케어의 핵심 요소라고 할 수 있겠어요.

CN	Alright. Where are we, team? 좋아요. 어디까지 했죠?
Nurse	I have room 512, bed 2, Ms. Barbara Cleveland, a 74-year-old female. She came in with a left tibia plateau fracture and had an Open Reduction Internal Fixation (ORIF) by Dr. Lee the day before yesterday. She is still on antibiotics, and her pain is being well-controlled.

512호실 2번 Barbara Cleveland님, 74살 여성이십니다. 정강뼈 골절로 입원하셨고 이틀 전 Lee선생님께 고정술 받으셨습니다. 환자분 아직 항생제 맞고 계시고 통증 조절 잘 되고 있습니다.

CN Is it post-op day 2 for her? **How is she mobilizing?**
수술 후 이틀째인가요? 어떻게 움직이시죠?

PT **She is coming along nicely.** She walks ten meres with a two-wheeled walker with minimal assistance. The problem for her is the stairs. She has 14 steep steps to access her apartment unit, and there is no t. I do not see how she can manage those steps without handrails.
잘 따라오고 계세요. 바퀴 두개 달린 워커 사용해서 최소한의 도움으로 10미터 걷고 계십니다. 문제는 계단이에요. 집에 들어가시려면 가파른 열네개의 계단을 오르셔야 하는데 손잡이가 없어요. 손잡이 없이 어떻게 계단을 오르내릴 수 있을지 모르겠어요.

OT I agree. **I have set up the medical equipment for her,** but her discharge barrier is the stairs.
동의해요. 다른 의료보조기구들은 다 준비해 놓았는데 계단이 퇴원에 정말 큰 걸림돌이에요.

CN Could we consider putting railings in for those stairs? Does she own this place, or is she renting?
손잡이 설치하는 것을 고려해볼 수 있나요? 집이 자가예요 아니면 월세방이에요?

SW She is renting this apartment unit. **I will connect with the building manager to see if putting railings is an option.** I will investigate it further and keep you guys posted.
월세방이에요. 손잡이를 설치하는 것이 가능할지 건물 주인이랑 연락해볼게요. 좀 더 알아보고 상황을 계속 알려드릴게요.

CN Sounds great. **Does she need any home support after**

	being discharged?
	좋아요. 퇴원 후에 가정간호 서비스 필요하신가요?
Liaison	**I tried to contact her daughter to discuss home support**, but she did not answer. I left a voicemail. I will let you guys know when I hear back from her.
	가정간호 서비스에 대해 상의하려고 따님께 연락해봤는데 전화를 안 받으시네요. 음성메시지를 남겨두었어요. 소식 오면 알려드릴게요.
PT	Great. In the meantime, **I will continue to practice stairs with her.**
	좋아요. 그동안 저는 환자분과 계속 계단 연습을 할게요.
CN	Good job, team. Who is next?
	훌륭해요. 다음은 누구죠?

의료진 모두 각자의 역할 안에서 환자의 퇴원을 위해 적극적으로 협조하는 것 보이시나요?

위의 시나리오에서 확인할 수 있듯이 수간호사는 미팅을 전반적으로 이끄는 역할을 하고, 간호사는 본인이 담당하는 환자에 대해 보고하는 역할을 합니다. 물리치료사는 환자의 거동상태를 향상시키는 역할을 하고, 작업치료사는 환자의 기능과 주거환경에 따라 의료보조기구를 준비하는 것을 담당하며, 퇴원 전담 간호사는 가정간호 서비스의 필요 여부를 판단해요. 사회복지사는 퇴원 과정에서 필요한 외부와의 커뮤니케이션을 담당하거나 사회적 지원이 필요한 계층이 알맞은 서비스를 제공받을 수 있도록 돕습니다.

의료진의 역할을 정확하게 아셨으니, 다시 한번 시나리오로 돌아가 찬찬히 읽어보세요. 더 이해가 잘 되실 거예요!

Physio tips

Allied health professionals (or Allied health team)

병원에서 의사, 간호사, 약사를 제외한 나머지 의료진들을 지칭하는 용어를 아시나요?

바로 Allied health professionals입니다. 환자를 직접적으로 치료하는 의사, 간호사, 약사를 제외한 모든 의료진들을 포괄적으로 지칭하는 용어예요.

여기에는 물리치료사, 작업치료사, 사회복지사, 퇴원전담간호사, 임상영양사, 방사선사, 언어병리학자 등 굉장히 많은 직군이 포함됩니다. 병원에서 생각보다 많이 쓰이는 단어이니 꼭 알아두세요!

Example) Are you nursing? 간호팀이세요?
　　　　　　No, I am allied health (professionals). 아니요, allied health예요.

unit 3 의사와 퇴원 계획에 대해 상의하기
May I give you an update about the patient?

환자를 평가하거나 치료한 후 담당 의사가 근처에 있다면 구두로 업데이트를 해주는 것이 효율적일 때도 있죠.

물론 의무기록에 해당 내용을 남기기 때문에 굳이 직접적인 의사소통을 하지 않아도 되지만, 퇴원평가의 경우 구두로 먼저 업데이트를 해주면 **빠른 퇴원 절차**에 도움이 됩니다.

PT   Excuse me, are you Dr. Connors?
실례지만, Connors 선생님이신가요?

Doctor   Yes, I am.
네 맞습니다.

PT   Hi, Dr. Connors. I am Laura. I am the physiotherapist working on this unit.
안녕하세요, Connors 선생님. 저는 이 병동 물리치료사인 Laura예요.

Doctor   Oh, hi. You are just the person I was looking for.
오 안녕하세요, 제가 찾던 그분이시군요.

PT   I know that Mr. Smith is up for discharge today. I just finished my assessment.
Smith님이 오늘 퇴원 예정이신 것으로 알고 있어요. 방금 평가를 끝냈습니다.

Doctor   Yes. He is medically stable now. **I was unsure if his mobility was appropriate for discharge.** How is he mobilizing?

	맞아요. 환자분이 지금 의학적으로는 안정적인 상태세요. **그분의 거동상태가 퇴원에 적합한지 여부를 잘 모르겠더라고요. 환자분 어떻게 움직이세요?**
PT	He mobilizes at his baseline. His own using a two-wheeled walker for short distances, but his endurance is low. He gets fatigued quite quickly. 평소만큼 거동하세요. 바퀴 두개 달린 워커로 짧은 거리는 스스로 움직이실 수 있는데 지구력이 낮아요. 금방 힘들어하세요.
Doctor	How is his home set up? 환자분 주거 환경은 어때요?
PT	He lives in a condo with elevator access. 엘리베이터가 있는 콘도에 사세요.
Doctor	I see. **Do you feel he is safe to be discharged from your perspective?** 그렇군요. 선생님 관점에서는 환자분께서 안전하게 퇴원하실 수 있을 것 같나요?
PT	I believe so. He is very well aware of his limitations and knows when to stop. He also has a very supportive family who can assist him. 그렇게 생각해요. 환자분께서 안 좋은 부분을 아주 잘 알고 계시고 언제 쉬셔야 하는지도 잘 알고 계세요. 지원을 아끼지 않으시는 가족분들이 계셔서 환자분을 잘 도와드릴 수 있을 거예요.
Doctor	**Do you think he needs anything else from the hospital before he goes home?** 환자분 퇴원하시기 전 병원에서 더 챙길 만한 것이 있을까요?
PT	I don't think so. The occupational therapist assessed him and provided him with all the equipment for safety. 없는 것 같아요. 작업치료사도 환자분을 평가했고 환자분의 안전에 필요한

	의료기구들을 다 제공한 것으로 알고 있어요.
Doctor	Okay. I will finish my discharge summary then. Do you know how he is going home?
좋습니다. 그럼 퇴원 요약 마무리할게요. 환자분 집에는 어떻게 가시는지 아세요?
PT	His son will pick him up at 13:00. We will assist him with his car transfer.
환자분 아드님께서 오후 1시에 데리러 오기로 하셨어요. 차에 타시는 것 저희가 도와드릴거고요.
Doctor	Excellent. Thank you for seeing him.
훌륭합니다. 환자분 봐주셔서 고마워요.

환자가 의학적으로는 안정되었는데 거동상태가 좋지 않아 퇴원이 미루어지는 경우가 종종 있습니다.

시간이 지나 환자의 거동상태가 향상되고 퇴원에 적합하다고 생각되면, 물리치료사는 담당 의사에게 이 사실을 알려 의료진이 퇴원 준비를 시작하도록 하는 것이 좋겠죠.

unit 4 환자 가족과의 미팅
How do you feel about taking him home?

환자의 퇴원 계획을 세우는 과정에서 환자 본인 및 가족의 의견은 매우 중요한 역할을 합니다. 그렇기에 의료진과 환자 가족이 한자리에 모여 서로의 의견과 생각을 듣고 나누며 퇴원 계획에 대해 상의를 하게되는 일이 종종 있습니다. 만약 의료진과 환자가 서로 생각하는 퇴원의 방향이 다르다면 합의점을 찾아가는 과정도 거쳐야 하겠죠.

이 모든 것은 family meeting을 통해 이루어 집니다.

Family meeting에서는 환자의 케어에 참여하고 있는 각기 다른 의료진들이 모두 모여 본인의 역할을 설명하고 그 역할 안에서 환자의 현재 상태에 대해 보고를 하게 됩니다.

물리치료사는 물론 환자가 어떻게 움직이고 걷는지에 대한 보고를 하게 되겠죠?

다음의 대화에서 family meeting이 어떻게 진행되는지 살펴볼게요.

Liaison	Hi, Mrs. Smith, My name is Brad. I am the liaison nurse on this unit. **Today, we are here to discuss discharge planning for your husband, Fred.** 안녕하세요 Smith님, 저는 Brad라고 해요. 이 병동에서 일하는 퇴원 전담 간호사입니다. 오늘 Smith님의 남편 되시는 Fred님의 퇴원 계획을 상의하기 위해 다들 모였어요.
Mrs. Smith	Nice to meet you, Brad. Thank you for arranging this meeting for me.

	만나서 반가워요 Brad. 그리고 저를 위해 이렇게 미팅을 열어주셔서 감사드려요.
Liaison	You are very welcome. We will talk about what kinds of support we can provide for Fred if he is to go home after our discussion today. But first, **I will let our physiotherapist Laura give you an update regarding Fred's mobility.**
	천만에요. Fred님께서 집으로 퇴원하게 될 경우 저희가 어떤 도움을 제공해드릴 수 있을지 미팅 끝에 이야기 나눠볼게요. 그 전에, 물리치료사인 Laura가 Fred님의 거동상태에 대해 Smith님께 업데이트를 드릴거에요.
PT	Hi Mrs. Smith. My name is Laura, and **I am the physiotherapist who has been working with your husband, Fred.**
	안녕하세요 Smith님. 저는 Laura라고 합니다. 남편 되시는 Fred님과 계속 일해온 물리치료사예요.
Mrs. Smith	Hi Laura, nice to meet you. How is Fred doing?
	안녕하세요 Laura, 만나서 반가워요. Fred는 잘 하고 있나요?
PT	Nice to meet you as well, Mrs. Smith. I have been working with Fred for over a month now. He showed good improvement in his mobility. He could not get out of bed when he first came to us, but he can walk using a walker now.
	만나뵙게 되어 영광입니다. 이제 Fred님과 일한 지 한달 정도 되었어요. Fred님께서는 거동 측면에서 진전을 보이셨습니다. 처음에는 침대에서 나오지 못하셨는데 지금은 워커를 사용해서 걷고 계세요.
Mrs. Smith	That sounds great. Thank you so much for working with him.

다행이네요. 남편을 치료해주셔서 감사드려요.

PT No problem. **Unfortunately, he still requires someone to be nearby when walking as his risk of falls is still high.**
별말씀을요. 유감스럽게도, Fred님은 걸으실 때 낙상 위험이 높아서 누군가가 근처에 꼭 계셔야 해요.

Mrs. Smith Oh no, why is that?
아니, 왜 그렇죠?

PT As you know, he has Parkinson's disease, and one of the challenges he faces is freezing episodes. He can suddenly freeze while walking without warning, which can lead to falls.
아시다시피 환자분께서 파킨슨병을 가지고 계시는데 어려움 중의 하나가 보행동결이에요. 갑작스레 걸음을 멈추시는데 이것이 낙상으로 이어질 수 있어요.

Mrs. Smith Well, I think I can help him out. I will hold onto him tightly make sure he doesn't fall. I saw you guys holding onto him with a belt when walking with him.
음, 제 생각에는 제가 도와줄 수 있을 것 같아요. 남편이 넘어지지 않도록 제가 꽉 잡고 있을 수 있어요. 선생님이 Fred와 걸으실 때 벨트를 잡고 계신 것을 봤어요.

PT That's very sweet of you saying that. My concern is if he were to fall while you were holding onto him, you could also get injured. In the hospital, we have plenty of staff who can help each other when needed. However, you will be alone at home with your husband, and I am afraid it will be safe enough for neither of you.
마음씨가 정말 깊으세요. 제가 걱정하는 건, 만약 Fred님이 넘어지시면

Smith님 또한 다치실 수 있다는 사실입니다. 병원에는 직원들이 많아서 필요한 경우 서로를 도울 수 있지만 집에서는 Smith님께서 Fred님과 둘뿐이시라 두 분 모두 안전하지 않을 수 있다는 것이 걱정됩니다.

Mrs. Smith Any chance for improvement? You did say his mobility has improved. Could you give him more exercises to help build his strength?

Fred가 더 좋아질 수 있을까요? 선생님께서 거동에 조금 진전이 있었다고 말씀하셨잖아요. Fred가 더 강해질 수 있도록 운동을 더 주실 수 있으세요?

PT Like I said before, we have been working with Fred for over a month now. We really tried everything we could to see if we could reduce the risk of falls. **Sadly, I think he has plateaued.**

제가 말씀드렸다시피, Fred님을 치료한 지 한달이 넘었어요. 낙상 위험을 낮출 수 있을지 보기 위해 저희가 할 수 있는 한 최선을 다했습니다. 이런 말씀드리기 죄송하지만, Fred님은 이제 더 이상 진전이 없으세요.

Mrs. Smith I do not understand. Yes, he was unsteady before, but he was not unsafe. He was getting around fine with some help.

이해할 수가 없네요. 맞아요, Fred가 전에도 휘청거리기는 했어요. 그렇지만 안전하지 않은 것은 아니었어요. 조금만 도와주면 잘 걸어다닐 수 있었다고요.

PT **I can understand how this may be difficult for you to understand.** Unfortunately, Parkinson's disease is a progressive neurological disease, and it continues to worsen over time. I think Fred was managing at home okay until his most recent injury. After he had his hip broken, it really took a toll on him.

얼마나 이해하기 힘드실지 압니다. 안타깝지만 파킨슨병이라는 것이 진행성

신경 질환이라 시간이 지남에 따라 계속 악화될 수 있어요. 제 생각에는 최근에 입으신 부상 이전에는 집에서 잘 하셨을 거라고 생각해요. 엉덩뼈가 부러진 것이 심각한 영향을 끼친 것 같아요.

Mrs. Smith What do you suggest then?
그럼 어떤 방법을 제안하시는 거예요?

PT If you are still thinking of taking him home, **I would recommend having plenty of medical equipment to ensure it is safe for you and Fred.**
Fred님을 집으로 모시길 원하신다면, Smith님과 Fred님 두 분 모두가 안전하실 수 있도록 다양한 의료기기를 준비하시는 것을 추천드립니다.

Mrs. Smith What kind of medical equipment are you talking about?
어떤 의료기기를 말씀하시는 거예요?

PT The occupational therapist will speak about the medical equipment later, but I would suggest having a hospital bed and a mechanical lift at a minimum.
추후에 작업치료사가 의료기기에 대해 말씀드리겠지만 최소한 병원 침대와 환자 리프트는 준비하시는 것이 좋을 것 같아요.

Mrs. Smith Really? Wouldn't that be too much?
정말이요? 그 정도나 필요하다고요?

PT Those are the requirements for the home support nurses to provide care for him.
이 두 의료기기는 있어야 가정방문 간호사가 Fred님을 간호해줄 수 있을 거예요.

Liaison If I may intervene, the nurses can refuse to provide care if they feel that the environment is unsafe. They do not want to injure themselves. For everyone to be safe, he would need to be in a hospital bed while the nurses provide

	care for him. 잠깐 끼어들자면, 간호를 제공하기 위한 환경이 안전하지 않다고 느끼면 가정방문 간호사는 서비스를 취소할 수 있어요. 그들 스스로도 부상을 입고 싶지 않기 때문이에요. 모든 사람들이 안전하게 하기 위해서, 간호사가 Fred님을 간호하는 동안은 병원 침대에 계시는 게 좋아요.
Mrs. Smith	So, are you suggesting Fred be stuck in bed forever? 그래서, Fred가 평생 침대에만 누워있기를 바라시는 거예요?
PT	Absolutely not. We still want Fred to be up in a chair which is why we do need a mechanical lift to safely get him into a chair. 아닙니다. 여전히 Fred님께서 의자에 앉는 것 정도는 하실 수 있길 바라요. Fred님을 안전하게 의자에 앉히기 위해서 리프트가 꼭 필요한 이유이고요.
Mrs. Smith	**I don't know how I feel about this. It seems like it is too much for me to handle.** 잘 모르겠네요. 제가 감당하기에는 너무 벅차보여요.
Liaison	**We do not expect you to handle everything by yourself.** If you are still okay with taking Fred home, we recommend these to ensure that everyone is safe. Smith님 혼자서 이 모든 것을 감당하는 것을 저희도 바라지 않아요. 아직도 Fred님을 집으로 모시고 싶으시다면, 모든 사람의 안전을 보장하기 위해 저희가 이런 것들을 제안드리는 거예요.
Mrs. Smith	Okay, but I need some time to think about this. Laura, will you continue to work with Fred for the time being? 네, 그런데 제가 좀 생각을 해봐야 할 것 같아요. Laura 선생님, 그때까지 Fred와 계속 일해주실 건가요?
PT	We will. I can also put a referral for the community therapist to follow up if he goes home.

	네, 그럼요. 만약 집으로 가게 되신다면 지역사회 치료사에게 의뢰를 넣어서 그분이 Fred님을 보실 수 있게 할게요.
Mrs. Smith	What is that?
	그게 뭔가요?
PT	We have physiotherapists like me working in the community. They travel and work with patients at home. They assess patients and provide exercises to make sure they can still maintain and work on their mobility.
	저 같은 물리치료사가 지역사회에도 있어요. 그 선생님들은 돌아다니면서 환자를 집에서 돌봐드려요. 환자가 거동상태를 잘 유지하고 증진할 수 있도록 선생님들이 환자를 평가하고 운동을 제공하는거죠.
Mrs. Smith	Okay, that is a relief.
	네, 다행이네요.
PT	Yes. It would be beneficial for Fred to have this if he goes home.
	네. Fred님께서 집에 가게 되신다면 이런 것들이 도움이 될 것 같아요.
Liaison	**Mrs. Smith, we know this is a lot of information to take in one day. Please take some time to consider your options.** We know that you love Fred and would like to take him home. If you are still thinking of taking him home, we will make recommendations like these to ensure everything is safe. We would also like to offer some home support nurses to provide bedside care for Fred. We understand if you think this is too much for you to handle. We can discuss alternative options then.
	Smith님, 하루 만에 받아들이기에는 너무 많은 정보라는 것을 알고 있어요. 부디 천천히 생각해보시길 바라요. Smith님께서 Fred님을 많이 사랑하셔서

집으로 모시고 싶으신 것도 알고 있습니다. 여전히 집으로 모시길 원하신다면 모든 것이 안전하게 이루어지도록 앞서 말씀드린 것처럼 제안을 드릴 거예요. 또 가정방문 간호사를 통해 Smith님이 Fred님을 돌보는 것을 도와줄 수 있도록 해드릴 거고요. 만약 이 모든 것이 감당하기에 벅차다고 느끼신다면, 저희는 다 이해합니다. 그리고 다른 옵션에 대해서도 이야기 나눠볼 수 있어요.

Mrs. Smith Okay. Could I think about this for a few days?
네. 며칠만 제가 생각을 해 볼 수 있을까요?

Liaison Of course. Do not feel pressured to make decisions now. **Please take your time to consider what would be realistic and the best for both you and Fred.** We will respect and support your decision regardless.
물론이죠. 지금 당장 결정 내리기 위해서 부담 갖지 않으셔도 돼요. 충분히 시간을 가지시고 어떤 것이 현실적인지, Smith님과 Fred님 두 분께 가장 좋은 것이 무엇인지 생각해보세요. 저희는 무엇이 되었든 Smith님의 결정을 존중하고 지지합니다.

Mrs. Smith Thank you. I really appreciate all of you working with Fred.
감사합니다. 다들 Fred와 일해주셔서 정말로 감사드려요.

Liaison Okay, Mrs. Smith. You have my number so please give me a call once you decide. If I am not picking up because it is outside of my working hours, you can always leave a voicemail. I will get back to you as soon as possible on the next day. If you have any other questions or concerns, please do not hesitate to contact me.
네, Smith님. 제 번호 갖고 계시니 결정 내리시면 전화주세요. 근무 시간이 아니라 제가 전화를 못 받으면, 음성메시지를 남기시고요. 다음 날 최대한 빨리 다시 연락드리도록 할게요. 다른 질문 있으시거나 걱정 있으시면 언제든 주저 말고 연락주세요.

Mrs. Smith Thank you, Brad. Thank you, Laura.

	고마워요 Brad. 고마워요 Laura.
PT	No problem. We will chat later. 아닙니다. 다음에 또 말씀 나누시죠.

이 대화에서는 물리치료사와 퇴원 전담 간호사만 등장했지만 사실은 의사, 작업치료사, 사회복지사, 간호사 등 더 많은 인원이 참여한 상태로 미팅이 진행되는 경우가 많습니다.

환자와 환자 가족들은 의학용어를 생소하게 느낄 수 있기에, 이런 미팅에서는 이해하기 쉬운 용어로 풀어서 설명하는 것이 좋습니다.

물리치료사로서 환자와 환자 가족들에게 좋은 소식만 전할 수 있다면 너무 좋겠지만, 위의 대화에 나온 것처럼 걷는 것이 더 이상 안전하지 않다거나 집보다 요양 시설이 안전할 수 있다는 등의 안타까운 소식을 전해야 할 때도 있습니다.

이런 예상치 못했던 소식을 듣게 되면 환자 가족들은 당혹스러워하거나 슬퍼하는 경우가 많으므로, 최대한 객관적인 사실을 바탕으로 정보를 전달하되 감정적 지지와 위로를 함께 제공하는 것이 좋겠죠.

또 여러 의료진이 제공하는 서로 다른 정보가 하루만에 받아들이기에 벅찰 수 있으므로, 환자와 가족이 천천히 고민한 후 결정내릴 수 있도록 배려하는 것도 좋은 방법입니다.

Chapter 7

의료진과의 대화

unit 1. 간호사와 대화하기

unit 2. 의사에게 질문하기

unit 3. 작업치료사와 대화하기

unit 4. 사회복지사와 대화하기

unit 5. 재활치료보조사와 대화하기

unit 6. Unit clerk과 대화하기

unit 1 간호사와 대화하기
How does he mobilize?

병원에서 물리치료사로 일하다 보면 간호사들과 빈번하게 이야기를 나누게 됩니다. 간호사가 환자를 안전하게 케어하기 위해서는 환자의 거동상태가 어떤지 알아야 하고, 환자의 거동상태를 가장 잘 알고 있는 것은 물리치료사이기 때문이에요.

다음의 시나리오를 통해 간호사와의 대화가 보통 어떻게 이루어지는지 살펴볼게요.

Nurse Hey, Laura! I have a quick question for you about one of my patients, Mr. Fraser, who goes by Fred. **Are you following him?**

Laura선생님! 제 환자중에 Fred라고 불리는 Fraser님이 있는데, 이 환자에 대해서 간단한 질문이 있어요. 이분이 선생님 환자 맞아요?

PT Yes, I am. Go ahead.

제 환자 맞아요. 물어보세요.

Nurse He rang the bell asking to go to the bathroom, but I had not seen him mobilizing yet. **Do you know how he mobilizes?**

벨을 누르셨길래 갔더니 화장실을 가고싶다고 하시더라고요. 근데 이분이 어떻게 움직이는지 아직 본 적이 없어서요. 이분 어떻게 움직이는지 아세요?

PT I just assessed him this morning, and his balance was not good. **He was unsteady on his feet, even with a walker.**

	오늘 아침에 막 평가했는데 균형 감각이 그리 좋지 않으셨어요. 워커를 사용했는데도 서 있을 때 좀 불안정하셨어요.
Nurse	Oh, was he? Good thing I asked!
	그러셨어요? 물어보길 잘했네요!
PT	I would have him use a bedside commode. **He could take a couple of small steps with a walker to get to the commode.**
	저는 이동식 변기를 사용하시게 할 것 같아요. 워커를 사용하시면 이동식 변기 쪽으로 몇걸음 걸을 수 있을 거예요.
Nurse	Sounds good. Should I help him out, or is he okay to transfer on his own?
	좋아요. 제가 환자분들 도와드려야 할까요 아니면 환자분 스스로 하셔도 괜찮아요?
PT	**I would recommend close supervision as I just documented.** I would not let him do it on his own. There is a risk of him falling.
	의무기록에도 적어 놓은 것처럼 저는 밀착 감시를 추천해요. 그분 혼자 하게 놔두지는 않을 거예요. 낙상 위험이 있어요.
Nurse	Good to know. I will update the bedside board so that all of us are on the same page about his mobility status. Thank you so much!
	좋은 정보네요. 침대 맡 알림판을 업데이트해서 모든 의료진이 환자분의 거동 상태를 알 수 있게 할게요. 너무 고마워요!
PT	Any time!
	언제든지요!

물리치료 평가를 진행한 후 환자의 거동상태에 대해 여러가지 방법으로 간호사와 의사소통 할 수 있습니다.

첫번째는 구두로 의사소통 하는 방법입니다. 담당 간호사를 찾아가서 거동상태에 대해 간단히 알려주는 방법이죠.

두번째는 침대맡 알림판을 사용하는 방법입니다. 환자 침대에 의사소통을 위한 화이트보드가 걸려 있는 경우, 그 화이트보드에 현재 거동상태에 대해 짧고 명확하게 써놓는 것이죠.

세번째는 전자의무기록에 남기는 방법입니다. 의무기록을 통해 간호사 뿐만 아니라 환자 케어에 참여하는 누구나 환자의 거동상태를 파악할 수 있습니다.

간호사들이 물리치료사를 통해 환자의 거동상태를 파악한 후 환자 케어에 참여하면 환자와 간호사 모두가 안전한 방향으로 케어가 이루어질 수 있겠죠?

> Physio Tips

Bedside commode란?

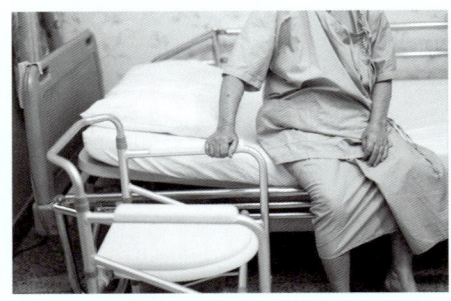

침상 옆에 둘 수 있는 이동식 변기로, 거동이 불편한 환자분들이 화장실을 안전하게 이용하실 수 있도록 하는 의료보조기구 입니다.

unit 2 의사에게 질문하기
Could you clarify your orders?

병원은 끊임없는 팀워크가 일어나는 곳으로 의료진끼리 서로 의견을 교환하는 일이 빈번하게 일어납니다.

병원에서 환자의 치료와 관련해 최종 결정을 내리는 것은 담당 의사이므로, 물리치료사의 임상적 판단에 근거하여 독단적으로 결정내리기보다 의사와 상의하는 것이 언제나 좋아요.

의사가 내린 오더가 명확하지 않거나 재확인이 필요한 경우 의사에게 전화하는 일이 많은데요, 아래의 시나리오를 통해 의사와의 전화 소통이 어떻게 이루어지는지 살펴볼까요?

PT Hello, is this Dr. Lee?
안녕하세요, Lee 선생님이신가요?

Doctor Yes, I am. Who am I speaking to?
그런데요. 전화 하신 분이 누구시죠?

PT Hello, Dr. Lee. My name is Laura, and I am the physiotherapist working in the north unit. I had some questions about one of your patients, Fred. **Is this a good time to chat?**
안녕하세요 Lee 선생님. 저는 북쪽 병동에서 물리치료사로 일하는 Laura 라고 해요. 선생님의 환자 중 한분이신 Fred 님에 대해 질문이 있었는데요, 지금이 통화하기 좋은 시간이실까요?

Doctor Hello, Laura. Sure. What is your question?

	안녕하세요 Laura. 그럼요. 질문이 무엇이죠?
PT	Hi, I understand you did surgery on his fractured hip. The nurses asked me to start mobilizing him after the surgery, but I'm looking at his chart now and **there seems to be some confusion with the orders you gave**.
	선생님께서 환자분 엉덩관절 골절을 수술하신 것으로 알고 있어요. 수술 후에 환자분이 걸으시는 것을 도와달라고 간호팀에서 제게 요청을 했고요. 환자분 차트를 보고 있는데, 선생님께서 내리신 오더들이 서로 일치하지 않아서요.
Doctor	Oh yes, Fred. I remember him. What is the issue?
	아 네, Fred. 기억 납니다. 뭐가 잘못됐죠?
PT	The discrepancy is regarding the weight-bearing order. You indicated that he is to be feather weight-bearing on the operation report, but you mentioned he is to be weight-bearing as tolerated on your recent progress note. **Could you clarify this?**
	체중부하 오더가 일치하지 않아요. 수술기록에는 깃털체중부하라고 적혀있는데, 최근 경과기록에는 견딜수 있는 만큼 체중부하라고 적어 놓으셨더라고요. 선생님께서 이 부분을 명확히 해주실 수 있나요?
Doctor	Okay, I see where the confusion came about. Do you mind if I check his X-rays before I give you the clarification?
	네, 어디서 혼란이 생긴건지 알 것 같네요. 명확히 하기 전에, 환자분 X-ray 좀 먼저 확인해도 될까요?
PT	Sure. I would appreciate it.
	그럼요. 감사합니다.
Doctor	Great. Let me check. Yes, I remember it was a severe fracture. It was displaced in many directions. Unfortunately, I think it will be feather weight-bearing

	for him.
	좋아요. 한번 봅시다. 맞아요, 환자분께서 꽤 심한 골절이셨던게 기억이 나요. 여러 방향으로 어긋나 있었거든요. 안타깝지만, 깃털체중부하여야 할 것 같아요.
PT	Oh, I see. **Do you mind renewing the orders? I'm concerned it might cause some confusion for others as well.**
	아 그렇군요. 모두 다 알 수 있게 오더를 새로 고쳐줄 수 있으신가요?
Doctor	I can do that. How is Fred doing anyway?
	그렇게 할게요. 근데 Fred 잘 하고 계신가요?
PT	Unfortunately, he is only making minimal gains. It is challenging to mobilize if he remains feather weight-bearing. We thought that was why you changed him to weight-bearing as tolerated.
	아쉽지만 작은 진전밖에 없는 듯해요. 깃털체중부하로 계시는 한 움직이는 게 힘드신 것 같아요. 그래서 저희는 선생님께서 견딜 수 있는 만큼 체중부하로 바꾸신 줄 알았던 거예요.
Doctor	I see. Based on the X-ray, there has not been enough bone healing for him to progress to weight-bearing as tolerated yet. I think his follow-up X-ray is in 6 weeks. Hopefully his hip heals well enough to progress then.
	그렇군요. X-ray 상으로는 견딜 수 있는 만큼 체중부하로 바꿀 만큼 많은 회복이 보이지 않아요. 6주 후에 다시 X-ray를 찍을 텐데 그때 바꿀 수 있을 만큼 회복이 잘 되길 바라보죠.
PT	Yes, we hope so too.
	네, 저희도 그러길 바라요.
Doctor	Okay, do you have any other questions before I hang up?

	좋아요. 끊기 전에 다른 질문 있으신가요?
PT	No, that is all. **Thank you so much for your time.**
	아니요, 그것이 전부입니다. 시간 내주셔서 정말 감사드려요.
Doctor	No problem. Have a good afternoon.
	아닙니다. 좋은 오후 보내세요.
PT	You too, bye.
	선생님도요. 들어가세요.

만약 의사와 직접 의사소통하기 어려운 상황이라면 간호사를 통해 메시지를 남기는 것도 좋은 방법입니다.

unit 3　작업치료사와 대화하기
Would you like to see the patient together?

물리치료사와 작업치료사는 서로 긴밀하게 소통하면서 일하는, 업무적으로 아주 가까운 파트너라고 할 수 있어요. 물리치료사와 작업치료사를 동시에 필요로 하는 환자들이 정말 많거든요.

환자와 치료사 모두의 시간을 절약하기 위해, 그리고 시너지 효과를 내기 위해 물리치료사와 작업치료사가 같이 평가를 진행하는 경우가 흔합니다.

환자 평가를 진행하기 전, 물리치료사와 작업치료사가 하는 대화를 엿들으러 갈까요?

PT　Hi Kevin!
　　　안녕하세요 Kevin!

OT　Hi Laura! How are you?
　　　안녕하세요 Laura! 별 일 없어요?

PT　Pretty good, thanks. **Are you following Ms. Smith?**
　　　잘 지내고 있어요, 고마워요. 선생님이 Smith님을 보시나요?

OT　Yes, I am. Are you following her as well?
　　　네. 선생님도 그 환자분 보세요?

PT　Yes. I was about to see how she mobilizes. **Would you like to join me?**
　　　네. 환자분이 어떻게 움직이는지 보러 가려고 하던 참이거든요. 같이 가실래요?

OT　Sure. **That will save me a lot of time.** Let me take a look

	at her chart first.

그럼요. 그러면 제 시간이 절약되죠. 환자분 의무기록 먼저 볼게요.

PT   Okay. Go ahead.
좋아요. 어서 보세요.

OT   I see that Ms. Smith goes by Elaine. She lives alone in a mobile home with a ramp entrance. She is a retired teacher from Calgary. She was previously independent with all of her activities of daily living (ADLs) and instrumental activities of daily living (IADLs).
Smith님 Elaine이라고 불리시네요. 경사로 입구가 있는 이동식 주택에 혼자 사시고요. 캘거리에서 오신 은퇴하신 선생님이시네요. 이전에는 일상생활과 수단적 일상생활 모두 독립적이셨네요.

PT   That is right. She was also independently mobile without a gait aid, but she recently had a stroke. She was able to stand up using a walker the last time I assessed her.
맞아요. 보행보조기구 없이 독립적으로 잘 걸어 다니셨어요. 그런데 최근에 뇌졸중이 왔어요. 저번에 환자분을 평가했을 때는 워커 사용해서 서실 수 있었어요.

OT   I see. How much assistance did you provide her to mobilize?
그렇군요. 환자분 움직이실 때 선생님이 얼마나 도와주셨어요?

PT   I think she required quite a bit of assistance to stand up.
꽤 도움을 필요로 하셨던 것 같아요.

OT   Did you feel like you needed an extra pair of hands?
도와줄 사람이 한 명 더 필요한 것 같으셨어요?

PT   Hmm. That is a good question. I tried to mobilize her by myself, but I think it would have been easier if I had

	another person helping me out. 음 좋은 질문이네요. 그때는 혼자 하려고 했는데 지금 생각해보니까, 다른 사람이 저를 도와줬으면 더 쉬웠을 것 같아요.
OT	Well, I am glad that I asked. I can definitely assist you today when we see her together. Do you remember how her cognition was? 여쭤보길 잘했네요. 오늘 환자분 같이 볼 때 제가 꼭 도와드릴게요. 환자분 인지는 어땠는지 기억나세요?
PT	She was alert and oriented. Her cognition seemed normal. I think she struggles to convey her care needs because of her dysarthria. 환자분 의식 명료하고 인지력도 좋으셨어요. 인지 자체는 정상인 것 같아요. 제 생각엔 환자분이 구음장애 때문에 원하는 것을 말로 전달하는 것에 굉장한 어려움을 느끼시는 것 같아요.
OT	Oh I see. Do you think that is from her stroke? 그러시군요. 뇌졸중의 영향일까요?
PT	I think so. I spoke to her family members, and they never noticed any difficulty communicating with her before. 그런 것 같아요. 환자 가족분들과 이야기해봤는데 가족분들은 이전에 환자분이랑 의사소통하는 데 전혀 문제가 없었다고 하네요.
OT	Is Speech Language Pathology (SLP) following her? 언어병리학팀이 환자분 보고 계시나요?
PT	Not yet, but I was able to speak to the physiatrist yesterday and he put in a consult for SLP. 아직이요, 근데 어제 재활의학과 의사선생님한테 말씀드렸고 선생님께서 언어병리학 팀에 진료의뢰 넣으셨어요.
OT	That is good to hear. I finished reviewing her chart, so

	I am ready to go whenever. **Shall we go to see her together?**
	잘됐네요. 저 의무기록을 다 봐서 언제든 가도 돼요. 같이 환자분 보러 가실까요?
PT	Sure.
	그럼요.
OT	What room is she in?
	어느 방에 계시죠?
PT	She is in room 514.
	514번 방에 계세요.

Physio Tips

Multidisciplinary approach 다학문적 접근

병원에서 정말 많이 쓰이는 단어인 multidisciplinary는 말 그대로 multi(많은) + disciplinary(학문), 즉 여러 학문이라는 뜻입니다.

병원에 입원한 한 환자를 퇴원시키기 위해 의사, 간호사뿐 아니라 물리치료사, 작업치료사, 언어병리학자, 사회복지사 등 여러 분야가 관여하는 이러한 접근법을 multidisciplinary approach라고 한답니다. 병원에서 정말 많이 쓰이는 표현이니 기억해두시면 좋아요.

unit 4 사회복지사와 대화하기
Do you have any housing options for her?

병원에서 일하는 사회복지사들은 환자가 병원에서 지역사회로 돌아가는 과정에서 걸림돌이 되는 크고 작은 문제를 해결하는 데 도움을 주는 아주 중요한 역할을 합니다.

뛰어난 문제해결능력으로 환자 퇴원과정에 큰 도움을 주는 사회복지사를 아래 시나리오에서 만나봅시다.

PT   Hey Wayne, do you have a minute?
Wayne, 잠깐 시간 있어요?

SW   Oh hey, sure! What is going on?
어 안녕하세요, 그럼요! 무슨 일이에요?

PT   I have a patient who is almost ready to be discharged from a physiotherapy perspective, but I just heard from her that she got evicted from a motel where she lived before she came to the hospital.
환자 한분이 계신데 물리치료적 관점으로는 거의 퇴원 준비가 되신 분이에요. 그런데 방금 환자분이 말씀하시길, 병원에 입원하시기 직전에 지내시던 모텔에서 쫓겨나셨대요.

SW   Oh no, that is very unfortunate.
어머, 너무 안됐네요.

PT   Yes, it is unfortunate. **I was hoping you could help me out with this predicament.** She mobilizes well using a wheelchair. She is also independent with her care. It might be tricky to find a place as it should be wheelchair accessible. There should not be any stairs, and the doorways should be wide enough to fit her wheelchair.

네. 너무 안됐죠. 선생님께서 이 어려운 일을 좀 도와주셨으면 해요. 휠체어로 잘 돌아다니시는 분이에요. 본인 스스로도 독립적으로 잘 돌보시고요. 지내실 만한 곳을 찾는 게 까다로울 것 같은 게, 휠체어로 접근이 가능해야 하거든요. 계단이 없어야하고 문도 휠체어가 잘 드나들 수 있도록 넓어야 해요.

SW Alright. It is good to hear that she is mobilizing well. Let me use my laptop to search a few options for her.

알겠습니다. 그래도 거동이 좋으셔서 다행이에요. 노트북으로 환자분을 위한 옵션 좀 몇가지 찾아볼게요.

PT Sure. Thanks.

네. 고마워요.

SW I have a place here that she may be able to go. Let me look at the admission criteria. It says here that tenants have to be able to go up and down the stairs on their own.

환자분이 가실 수 있을만한 장소가 하나 있어요. 입소 조건을 한번 볼게요. 입주자들이 스스로 계단을 오르내릴 수 있어야 한다고 적혀 있네요.

PT Hmm. Is this place wheelchair accessible?

음. 휠체어로 접근 가능한가요?

SW No, I don't think so. So this is probably not going to work for her. Let me search a few other places.

아니요, 아닌 것 같아요. 여긴 안 되겠네요. 다른 곳도 더 찾아볼게요.

PT Okay.

네.

SW	I have a place that is about 30 minutes away from here. They seem to be wheelchair accessible with elevator access to accommodate everyone. 30분 정도 떨어진 거리에 다른 곳이 있어요. 다양한 사람들을 받을 수 있도록 휠체어로 접근 가능하고 엘리베이터도 있네요.
PT	That sounds great. Would you mind checking if the doorways are wide enough to fit a wheelchair? 좋네요. 괜찮으시면, 휠체어가 드나들 수 있을 만큼 문이 넓은지 확인 가능할까요?
SW	Not at all. They should be wide enough, but I can check. 당연하죠. 충분히 넓을 것 같긴 한데 그래도 확인해볼게요.
PT	Thank you so much. 정말 감사해요.
SW	No worries. I will contact the facility manager to see if the patient could stay there until she can find more sustainable housing. 아니에요. 이 시설 관리자한테 연락해서 환자분이 안정된 주거지를 찾을 때까지 그곳에서 지낼 수 있을지 알아볼게요.
PT	That would be wonderful. Thank you so much for your help. I am sure she will appreciate your assistance. 훌륭합니다. 도와주셔서 정말 감사해요. 환자분께서도 정말 감사해하실 거예요.
SW	No problem at all. Is there anything else that I can do to help you? 아니에요. 또 도와드릴게 있을까요?
PT	No. That is all. 아니요. 이게 전부예요.

SW	Great. I will let you know as soon as I hear back from the facility. It should not be too long. 좋아요. 시설에서 소식 오는 대로 알려드릴게요. 오래 안 걸릴 거예요.
PT	Thanks so much. 감사합니다.

unit 5 재활치료보조사와 대화하기
Could we go over the delegations?

Rehabilitation Assistant, 줄여서 RA라고 불리는 직업을 아시나요? Physiotherapy Assistant(PTA)라고 불리기도 하고 Occupational Therapy Assistant(OTA) 라고 불리기도 합니다. RA, PTA, OTA 등 상황에 따라 다른 이름으로 불리지만, 모두 병원에서 물리치료사나 작업치료사를 도와 환자 치료를 진행하는 재활치료보조사를 뜻합니다.

재활치료보조사는 물리치료사나 작업치료사가 위임한 업무를 진행하게 됩니다. 치료를 위임하는 과정에서 서로 소통하는 것은 필수이죠?

아래의 대화에서 살펴봅시다.

---

1. Assigning delegation to rehabilitation assistant
PT가 RA에게 치료 위임하기

PT   Hey Susan, how are you?
안녕하세요, Susan. 잘 지냈어요?

RA   Hey Laura! I am doing well. How is it going?
안녕하세요, Laura! 전 별일 없어요. 선생님은요?

PT   Not too bad. Thanks. **Could we go over some of the delegations I left for one of my patients, Fred?**
별일 없어요. 고마워요. 제 환자 중 한분인 Fred를 위해서 치료 업무를 남겼었는데 같이 검토해볼 수 있을까요?

RA   Sure, that would be great.
그럼요, 그거 잘됐네요.

PT	Perfect. Fred came to the hospital with pneumonia, but he is doing better now. His mobility is the only discharge barrier at this point. Could you ensure he is doing the exercises I prescribed for him and going for walks regularly throughout the day?
	좋아요. Fred는 폐렴으로 병원에 입원하셨는데 지금은 잘 회복하셨어요. 이제는 거동상태가 퇴원의 걸림돌이에요. 환자분이 일과 동안 제가 처방해드린 운동을 하는지, 주기적으로 걷는지 확인해주실 수 있나요?
RA	Yes. I can do that. **Is there anything that I should know?**
	그럼요. 확인할 수 있어요. 제가 알아야 할 다른 것이 또 있을까요?
PT	Yes. Fred's cognition is mildly impaired. He has short-term memory issues. I think it would be beneficial for him if you could review the exercises with him once more.
	네. Fred는 경미한 인지장애가 있으세요. 단기기억에 어려움을 겪고 계세요. 제 생각에는 선생님이 운동들을 다시 한번 가르쳐드리면 정말 좋을 것 같아요.
RA	Absolutely. I can do that.
	그럼요. 그렇게 할게요.
PT	It should not be too challenging for him but let me know if there are any changes with his mobility. I can reassess him and modify the delegations if it is needed.
	환자분께 그리 힘들지 않을 것 같긴 한데 혹시 환자분의 거동상태에 변화가 생기면 알려주세요. 제가 재평가한 후 치료를 수정할게요.
RA	I will do that.
	그럴게요.
PT	**I left all the information in my chart.** Check it out if you need to.
	의무기록에도 다 기록해 놓았으니 필요하시면 확인하세요.

RA	Thank you.
	감사합니다.

---

2. Reporting back to physiotherapist regarding patient's status
RA가 PT에게 환자에 대해 보고하기

RA	Hi Laura, **do you have some time to talk?**
	안녕하세요 Laura, 혹시 잠깐 얘기할 수 있어요?
PT	Sure, Susan. What would you like to discuss with me?
	물론이죠 Susan. 어떤 얘기예요?
RA	I want to talk about your patient Simon.
	선생님 환자이신 Simon에 대해서 잠깐 말씀드리고 싶어서요.
PT	Yes. Is there anything that I should know about Simon?
	그럼요. 제가 환자분에 대해 알아야 할 것이 있나요?
RA	I have been working with him since Monday. Based on your delegation, you want me to do some standing exercises without putting weight on the surgical leg. Is this correct?
	환자분과 월요일부터 계속 함께해오고 있는데요. 선생님이 주신 업무에 따르면, 수술한 다리에 체중을 싣지 않으면서 서기 연습을 하는 것 맞죠?
PT	Correct. He is not allowed to put any weight on that operated leg.
	맞아요. 수술한 다리에 체중을 실으면 안되거든요.
RA	Right. He did well on the first day I worked with him, **but he has been having difficulty doing anything with me over the past few days.**
	맞아요. 저랑 함께했던 첫날에는 정말 잘하셨어요. 근데 요 며칠간은 뭘 하든

	영 힘들어하세요.
PT	What do you mean?
	무슨 말이에요?
RA	He is having difficulty following directions. I have to lift his whole leg to keep his foot from touching the floor.
	지시를 못 따르세요. 그러니까, 환자분 발이 바닥에 닿지 않도록 다리 전체를 제가 들어야 할 정도예요.
PT	Oh, really?
	정말로요?
RA	Yes. **I noticed that he has been more distracted recently.** When I ask him to stand up, he stares at me blankly. He then plays around with his gown.
	네. 최근에 계속 집중을 못하시는 것 같아요. 일어나라고 말씀드리면, 멍하게 저를 쳐다보고만 계세요. 옷만 계속 만지작거리시고요.
PT	Oh, that does not sound like him at all.
	아이고, 완전 딴판이 되셨네요.
RA	No, I think something is going on with him.
	그러니까요. 제 생각엔 뭐가 있는 것 같아요.
PT	Okay. **Thank you for letting me know.** I might have to ask the nursing staff to see if they have noticed the same issue.
	알겠어요. 알려줘서 고마워요. 간호팀도 비슷한 문제를 발견하셨는지 한 번 여쭤봐야겠어요.
RA	No worries, I just thought you should be aware of it.
	별말씀을요. 선생님도 알고 계셔야 할 것 같아서요.
PT	In the meantime, you do not need to see him. **I will assess**

	him again and see what would be more appropriate for him. 그 전까지는 환자분 보지 않으셔도 돼요. 제가 가서 재평가하고 환자분께 어떤 치료가 제일 적당할지 한번 볼게요.
RA	Okay, I would appreciate that. 네, 감사합니다.
PT	**Is there anything else that you would like to chat about with me?** 관련해서 또 하실 말씀 더 있을까요?
RA	No, that is all. 아니요, 이게 다입니다.
PT	Okay. **Let me know if there are any changes with anyone.** Thank you. 좋아요. 누구든 어떤 변화가 생기면 알려주세요. 고맙습니다.

위의 시나리오에서 살펴본 것처럼, 물리치료사와 재활치료보조사 사이에는 적극적인 양방향 의사소통이 이루어져야 합니다. 물리치료사는 재활치료보조사에게 환자에 관한 중요한 정보들을 놓치지 않고 전달함과 동시에 명확한 지시를 내려야 하고 반대로 재활치료보조사는 물리치료사에게 환자의 수행능력에 대해 보고해야 합니다.

물리치료사와 재활치료보조사 사이의 양방향 의사소통이 활발하게 잘 이루어질수록 환자 중심의 안전한 케어로 한발짝 더 가까이 나아갈 수 있습니다.

unit 6

Unit clerk과 대화하기
Could you book an X-ray for her?

Unit clerk은 병동에서 전화나 사무 업무를 담당하는 직원이에요. 간호사를 비롯한 다른 의료진들이 환자 케어에만 집중할 수 있도록 입퇴원 수속, 의사가 오더한 각종 테스트나 치료 예약, 환자 의무기록 유지/관리, 환자 이송 등의 업무를 처리해주는 정말 소중한 인력입니다.

다음의 시나리오에서 대화가 어떻게 진행되는지 살펴봅시다.

Unit clerk Hi Laura, can I trouble you for a minute?
Laura 선생님, 잠깐 실례해도 될까요?

PT Sure. What do you need, Sam?
그럼요. 뭐가 필요하세요, Sam?

Unit clerk I got a call from the family of room 514.
514번 방 환자 가족한테 전화가 왔었어요.

PT Let me check my patient list. Is that Ms. Smith's daughter, Mel?
환자 목록 좀 확인할게요. Smith님 따님이신 Mel이었나요?

Unit clerk Yes. **She would like you to give her an update regarding her mother's mobility.**
맞아요. 선생님께서 엄마의 거동상태에 대해서 업데이트를 좀 해주셨으면 좋겠대요.

PT I can do that. Do you have her number?
가능해요. 그분 번호 가지고 계세요?

Unit clerk I don't have it with me, but she is the primary contact

	person for Ms. Smith. You should be able to check it from the chart.
	저한테는 없는데, Smith님의 주 보호자시니까 차트에 아마 있을 거예요.
PT	I see. Thank you so much Sam.
	알겠어요. 고마워요 Sam.
Unit clerk	No problem.
	별말씀을요.

환자 가족이 병동으로 전화를 하는 경우 unit clerk이 그 전화를 받게 되고 담당 선생님에게 위와 같이 연결을 해줍니다.

다른 시나리오도 살펴볼까요?

PT	Hi Sam, can I ask you for a favour?
	안녕하세요 Sam, 부탁 하나만 해도 될까요?
Unit clerk	Sure, go ahead.
	당연하죠. 어서 하세요.
PT	It has been about six weeks since Ms. Smith's surgery. I think she is due for a repeat X-ray today, and **I would like to confirm if her X-ray has been booked.**
	Smith님 수술하신 지 6주가 지났거든요. 제 생각엔 오늘 X-ray 찍는 날인 것 같은데 환자분이 예약이 되어있는지 확인 좀 하고 싶어서요.
Unit clerk	Let me check. I see she has an X-ray today around 13:00.
	확인 좀 할게요. 오늘 1시에 X-ray 있네요.
PT	Great. Is she meeting with the surgeon after to discuss her progression?
	좋아요. 그리고 나서 의사선생님이랑 경과 면담 있나요?

Unit clerk	I am not sure. She only has an X-ray booked. 잘 모르겠어요. X-ray만 예약되어 있어요.
PT	**Do you mind calling Dr. Lee's office to see if he would like to speak to Ms. Smith after the X-ray?** He usually talks to all of his patients after the X-ray. 혹시 괜찮으시면 Lee 선생님 사무실에 전화해서, Smith님 X-ray 이후에 면담하시는지 물어봐주실 수 있어요? 선생님이 보통 X-ray 이후에 환자분들이랑 면담하시거든요.
Unit clerk	I don't mind it at all. I will do that right now. 당연히 괜찮죠. 지금 바로 할게요.
PT	Thank you so much. 정말 감사해요.
Unit clerk	You're welcome. 천만에요.

Unit clerk은 한국 병원에서는 잘 찾아볼 수 없는 생소한 직업이라, 이 직업에 대한 이해가 부족하면 unit clerk의 업무를 간호사의 것으로 착각하는 경우가 생길 수 있어요.

보통 간호사들은 직접적인 환자 케어를 담당하고 그 외의 환자의 의무기록이나 서류와 관련된 것, 환자의 X-ray 혹은 MRI 등 검사 및 치료 스케줄, 전화 응대 등 환자 케어에 간접적으로 관련된 대부분의 업무들은 unit clerk의 것이라고 생각하시면 쉽습니다.

만약 환자와 관련된 어떤 질문을 unit clerk에게 물어봐야 할지, 간호사에게 물어봐야 할지 고민된다면 "I'm not sure if you are the right person to ask this, but ~" 이라고 시작한 후 물어보면 누구나 친절히 알려줄 거예요!

Chapter 8 스케줄 조정하기

unit 1. 병가 내기

unit 2. 당일 병가 내기

unit 3. 주말 근무 바꾸기

unit 1 병가 내기
Could I take a few hours off for a medical appointment?

물리치료사로서 환자들을 돌보는 것 만큼이나 중요한 것이 본인의 건강을 돌보는 것이겠죠?

근속 기간이 늘어남에 따라 병가일수도 같이 쌓이는데요. 몸이 좋지 않거나 검진, 치료 등을 위해 의사를 봐야할 때 병가를 사용해 언제든 다녀올 수 있습니다.

이번 시나리오에서는 의사 진료를 보기 위해 병가를 신청하는 상황에 대해 살펴볼게요.

PT Hey, Matt! How are you?
Matt! 잘 지내셨어요?

Manager Oh hey, I am good. How are you?
오 별일 없어요. 잘 지냈어요?

PT I am doing just fine. How was your vacation?
저도 잘 지내요. 휴가 어떠셨어요?

Manager It was great. Thank you for asking. I was out of town for the first time in a while.
좋았죠. 물어봐줘서 고마워요. 진짜 오랜만에 타운 밖으로 나간 것 같아요.

PT I hope you had a great time off from work. **I wanted to speak to you because I have a medical appointment tomorrow morning, but I forgot to submit the form for**

	it.
	일에서 떠나 좋은 시간 보내셨기를 바라요. 제가 내일 진료가 있는데 신청서 제출하는 걸 깜빡해서, 이것에 대해 말씀드리려고 했어요.
Manager	That is not a big deal. Have you filled out a leave form before?
	별일 아닌걸요. 전에 신청서 작성해 본 적 있어요?
PT	No, I haven't. This is my first medical appointment since I started working here. **Could you please go over how to fill it out?**
	아니요, 없어요. 이번이 사실 제가 여기서 일을 시작한 후로 처음 진료거든요. 어떻게 작성하는지 알려주실 수 있어요?
Manager	Absolutely. Let me get the leave form out first. As you can see, this form is pretty straightforward. Write your name, employee number, the date, and the hours you would like to have off.
	당연하죠. 일단 휴가신청서를 꺼낼게요. 이 신청서는 보시다시피 정말 직관적이에요. 이름과 사원번호를 여기에 적고, 빼고 싶은 날짜와 시간을 여기에 표시하세요.
PT	Great. Do I sign at the bottom of the page?
	좋네요. 맨 밑에 서명하면 되는 건가요?
Manager	Correct. Leave this line blank, as I will fill it out for you. Take this form with you and give it back to me once you finish your part. I will hand it to the staffing services, and they will book you off for those hours.
	정확해요. 여기는 빈칸으로 놔두세요. 제가 작성하는 곳이니까요. 이 신청서를 가져가서 Laura가 완성해야 하는 부분을 다 적고 나면 저한테 다시 주세요. 그럼 제가 스케줄 부서에 제출할 거고 거기서 Laura를 병가 처리해줄 거예요.

PT	Awesome. **Where can I find this form for the next time?** 훌륭하네요. 다음번에는 이 신청서를 어디서 찾을 수 있을까요?
Manager	That is a good question. You can find this form on the online portal by searching "leave form". If you cannot find it, send me an e-mail. I will send it to you. 좋은 질문이에요. 온라인 포털에서 "leave form"이라고 검색하면 찾을 수 있어요. 만약 못 찾으면, 나한테 이메일 보내요. 보내줄게요.
PT	Perfect. Thank you so much, Matt. 좋아요. 정말 감사해요 Matt.
Manager	No worries. Nice to see you. Take care. 전혀요. 다시 봐서 좋았어요. 잘 지내요.

위의 경우는 직접 신청서를 인쇄하여 수기로 작성 후 제출하는 방식이지만, 어떤 병원의 경우는 온라인으로 접수하는 등 병원마다 서류를 수리하는 방식이 다르므로 상황에 맞게 적용하시면 되겠어요.

unit 2 당일 병가 내기
Could I take a day off?

예정 되어 있는 의사 진료나 기타 치료를 받기 위해 미리 병가를 내는 것 말고도, 갑자기 몸이 좋지 않아 당일이나 그 다음 날 출근을 못하는 상황이 생기기도 하죠.

이 경우에는 보통 전화로 병가를 신청하게 되는데요, 이 과정을 'calling in sick'이라고 표현합니다.

아래의 시나리오에서 더 자세히 살펴볼게요.

Phone	Hello, staffing services.
	안녕하세요, 인사팀입니다.
PT	Hi, my name is Laura, and **I am calling in sick today.**
	안녕하세요, 저는 Laura라고 하는데요. 오늘 병가 낼게요.
Phone	Sure. Please provide me with your employee number.
	물론이죠. 사원번호 부탁드립니다.
PT	It is 165589.
	165589 입니다.
Phone	Perfect. How many days would you like to take off?
	좋아요. 며칠이나 병가 내십니까?
PT	Just one day, please.
	오늘 하루만 부탁드립니다.
Phone	No problem. I will book you off for today. **As a courtesy, please call your department directly to let them know**

	that you won't be able to come in today. 문제 없습니다. 오늘 병가 처리 해드리겠습니다. 예의상 부서에 직접 전화하셔서 오늘 출근 못하신다고 알려주세요.
PT	Absolutely. Thanks for your help. 물론입니다. 도와주셔서 감사해요.
Phone	No worries. Take care. 아닙니다. 푹 쉬세요. **(Laura is dialling.)** (Laura가 번호를 누른다.)
Phone	(Automatic reply) **You have reached the rehabilitation services. Please leave your name, number and a message. Thank you.** (자동 응답기) 재활팀입니다. 성함, 전화번호, 메시지를 남겨주세요. 감사합니다.
PT	Hi, this is Laura. **I am not feeling well and won't be able to make it today.** Thanks for your understanding, and I will hopefully see you tomorrow. 안녕하세요, 저 Laura예요. 오늘 몸이 좋지 않아 일을 못 갈 것 같아요. 이해해주셔서 감사드리고, 내일 뵙겠습니다.

병가를 낼 때, 어디가 어떻게 아픈지는 매우 개인적인 사항이므로 굳이 밝히지 않아도 된답니다.

다만 인사팀을 통해 병가 처리가 되었다 하더라도 부서에서는 그 사실을 바로 알기가 어려우니, 직접 전화하거나 메시지를 남겨 병가를 냈다고 알려주는 것이 좋겠죠.

unit 3 주말 근무 바꾸기
Could you swap shifts with me?

대개 병원에서 풀타임으로 일하는 물리치료사들은 주 5일 평일 근무하는 형태를 띱니다. 하지만 병원은 평일, 주말, 밤 낮 가릴 것 없이 운영되는 곳이기에 주말에도 물리치료사가 필요하지요.

주말에는 모든 인원이 상주할 필요는 없고 최소한의 인원만 근무하면 되므로 보통 물리치료사들이 돌아가며 주말 근무를 하게 됩니다.

내가 주말 근무를 할 차례인데 급하게 일이 생겨 일을 못하게 되었다거나 혹은 반대로 동료가 급한 상황이 생겨 내게 대신 근무해 달라고 요청할 수도 있겠지요?

동료에게 주말 근무를 바꿔달라고 요청하는 아래의 시나리오를 같이 살펴봅시다.

PT 2   Hey Laura, how are you?
안녕하세요 Laura, 별일 없어요?

PT   Hey Krista, I am good. How is it going?
안녕하세요 Krista, 전 별일 없어요. 다 잘 되어가요?

PT 2   It is going well. **I was hoping you could swap weekend shifts with me.**
네 그럼요. 혹시 저랑 주말근무를 바꿔주실 수 있나해서요.

PT   Sure, which weekend are you talking about?
물론이죠, 어떤 주말이요?

PT 2   I was thinking of not this weekend, but the weekend after.

	이번주 말고 그다음 주 생각하고 있어요.
PT	Let me check my schedule. It looks good. It shouldn't be a problem at all. 스케쥴 잠깐 체크해볼게요. 좋아 보이네요. 문제 없을 것 같아요.
PT 2	Thank you. You are a lifesaver. My daughter has a soccer tournament next weekend, and I completely forgot that I had a weekend shift in the same week. 고마워요. 정말 은인이에요. 다음주 주말에 딸 축구경기가 있는데 제가 주말 근무인 것을 완전히 깜빡했지 뭐예요.
PT	I am glad that I can help you out. **Do you have any preference on which weekend shift you want to work instead?** 도울 수 있어 기뻐요. 저 대신에 일하실 주말은 특별히 원하는 날짜가 있으세요?
PT 2	Do you have a shift coming up in the next month? 다음 달에 주말 근무 있어요?
PT	Yes, I do. I have one from the 12th to the 13th. 네. 12일이랑 13일이요.
PT 2	Do you mind if we swap mine with that one? 괜찮으면 그거랑 바꿔도 될까요?
PT	I don't mind it at all. 당연하죠.
PT 2	Thank you so much. I owe you a coffee. 정말 고마워요. 커피 살게요.

두 사람이 주말 근무를 바꾸기로 동의를 했다면, 매니저에게 알려 필요한 서류를 작성해 제출하면 됩니다.

> **Physio Tips**

근무 스케줄과 휴가에 관련된 영어 표현을 아래에서 더 자세히 알아볼게요.

근무 스케줄 관련 영어 표현

① Seniority: 연차
② Shift swap: 근무 맞교환. A와 B가 서로의 근무 스케줄을 바꾸는 것을 의미합니다.
③ Shift bidding: 근무 신청. Bid 는 경매에서 입찰하다 라는 뜻도 가지고 있습니다. 경매에서 사고 싶은 물건에 입찰하는 것처럼, 근무 스케줄을 가져가기 위해 입찰하는 과정이라고 생각하시면 됩니다. 근무를 신청한 사람이 여러 명일 경우 seniority가 높은 사람이 해당 근무를 가져가게 됩니다.
④ Shift granted: 근무 승인
⑤ Shift denied: 근무 거절
⑥ Overtime pay: 초과근로수당. 계약서에 명시된 근무시간을 초과해서 일하는 경우, 초과된 근무시간에 대해서 시급의 2배, 2.5배 등 추가 수당을 지급 받는 것을 의미합니다.

휴가 관련 영어 표현

1. **Paid leave**: 유급 휴가
급여가 정상 지급되는 휴가로 유급 휴가에 포함되는 휴가는 다음과 같습니다.
① Annual vacation: 연차 휴가
② Sick leave: 병가
③ Special leave: 결혼, 출산, 장례식, 가족 간병 등 다양한 경조사에 사용할 수 있는 휴가
④ Educational leave: 교육 휴가

2. **Unpaid leave**: 무급 휴가
   부득이한 개인사정으로 인해 휴가를 내야할 경우, 휴가 사유가 타당하다고 판단되면 회사와 직원 간 상호 협의가 이루어진 상태에서 급여가 지급되지 않는 무급 휴가를 얻게 됩니다.
3. **Planned leave**: 연차, 교육 휴가, 결혼식 등 미리 계획되어 있는 휴가
4. **Unplanned leave**: 병가, 장례식 등 미리 계획되어 있지 않은 휴가

마무리하는 글

 틈틈이 한두 장씩 꾸준히 써 내려갔던 흑백의 원고가 점점 몸집이 커지고 수정에 수정을 거듭한 후, 출판사 선생님들의 노련한 손길을 거쳐 마침내 이렇게 한 권의 책으로 탄생했네요.

 늘상 접하는 익숙한 내용으로 작은 책 하나를 완성하는 과정에도 많은 품과 정성이 듭니다. 그렇다면 겪어보지 못한 분야에서 인생의 새 챕터를 열기 위한 과정에는 얼마나 더 많은 준비와 노력, 큰 용기가 필요할까요. 인생의 새 챕터를 준비하는 과정이 아니라고 해도 무엇이든 새로운 분야로 나아가는 데는 많은 용기가 필요한 법이지요.

 이 책이 새로운 도전과 새로운 인생의 챕터를 위한 징검다리가 되기를 소망합니다. 가보지 않아 생소한 길이지만 미리 경험하고 연습해, 나아가는 발걸음이 누구보다 자신 있고 힘차길 소망합니다. 한 걸음 한 걸음 용기내 꾸준하게 내딛다 보면 어느 순간 멀게만 느껴졌던 목적지에 제법 가까워져 있는 자신을 발견하고 놀라는 날이 올 거예요.

 이제 책을 마무리하며 저에게는 모든 과정이 너무나도 새로웠던 캐나다 물리치료사가 되는 길을 걸으며 차곡차곡 모았던 용기를 여기에 두고 갑니다. 부디 이 용기에 용기를 더해, 원하는 곳에 한 걸음 더 가까워지길 바랍니다.

감사합니다.
유은채 드림.

실무자에게 배우는 ESP 시리즈

Physio TALK 물리치료 영어회화 제2판

실전편

1판 1쇄 발행   2022년 6월 17일
2판 1쇄 발행   2024년 12월 20일

지 은 이 | 유은채
펴 낸 이 | 김진수
펴 낸 곳 | 한국문화사
등   록 | 제1994-9호
주   소 | 서울시 성동구 아차산로49, 404호 (성수동1가, 서울숲코오롱디지털타워3차)
전   화 | 02-464-7708
팩   스 | 02-499-0846
이 메 일 | hkm7708@daum.net
홈페이지 | http://hph.co.kr

ISBN   979-11-6919-273-6   13740

· 이 책의 내용은 저작권법에 따라 보호받고 있습니다.
· 잘못된 책은 구매처에서 바꾸어 드립니다.
· 책값은 뒤표지에 있습니다.

오류를 발견하셨다면 이메일이나 홈페이지를 통해 제보해주세요.
소중한 의견을 모아 더 좋은 책을 만들겠습니다.